I0173798

LE QUARTIER

MONTPARNASSE

ET LA

PAROISSE N.-D.-DES-CHAMPS

PARIS

J. MERSCH, IMPRIMEUR-LIBRAIRE

33, BOULEVARD D'ENFER, 33,

—

1879

LE

QUARTIER MONTPARNASSE

ET LA

PAROISSE NOTRE-DAME-DES-CHAMPS

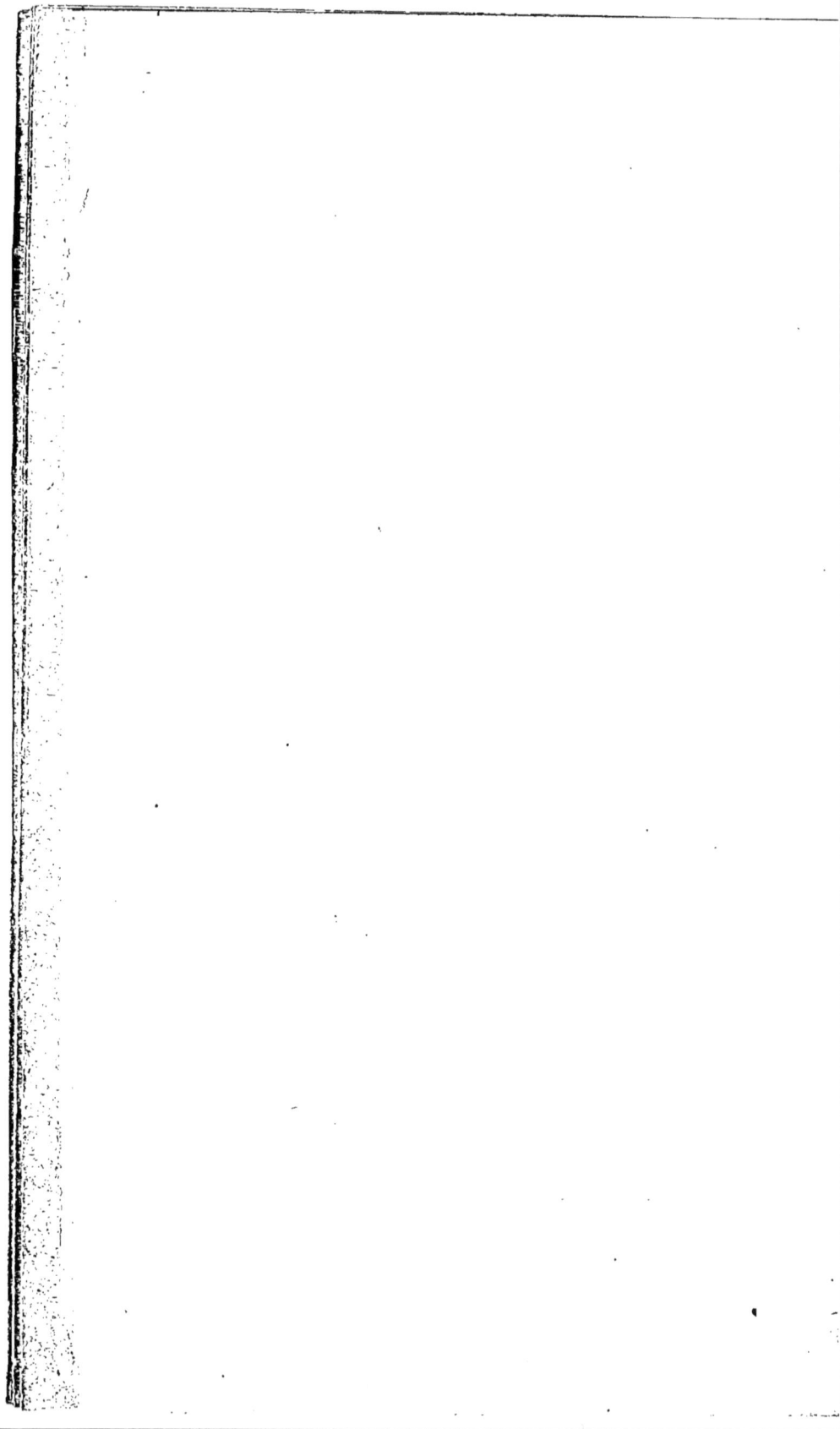

LE QUARTIER

MONTPARNASSE

ET LA

PAROISSE NOTRE-DAME-DES-CHAMPS

PARIS

J. MERSCH, IMPRIMEUR-LIBRAIRE

33, BOULEVARD D'ENFER, 33

—

1879

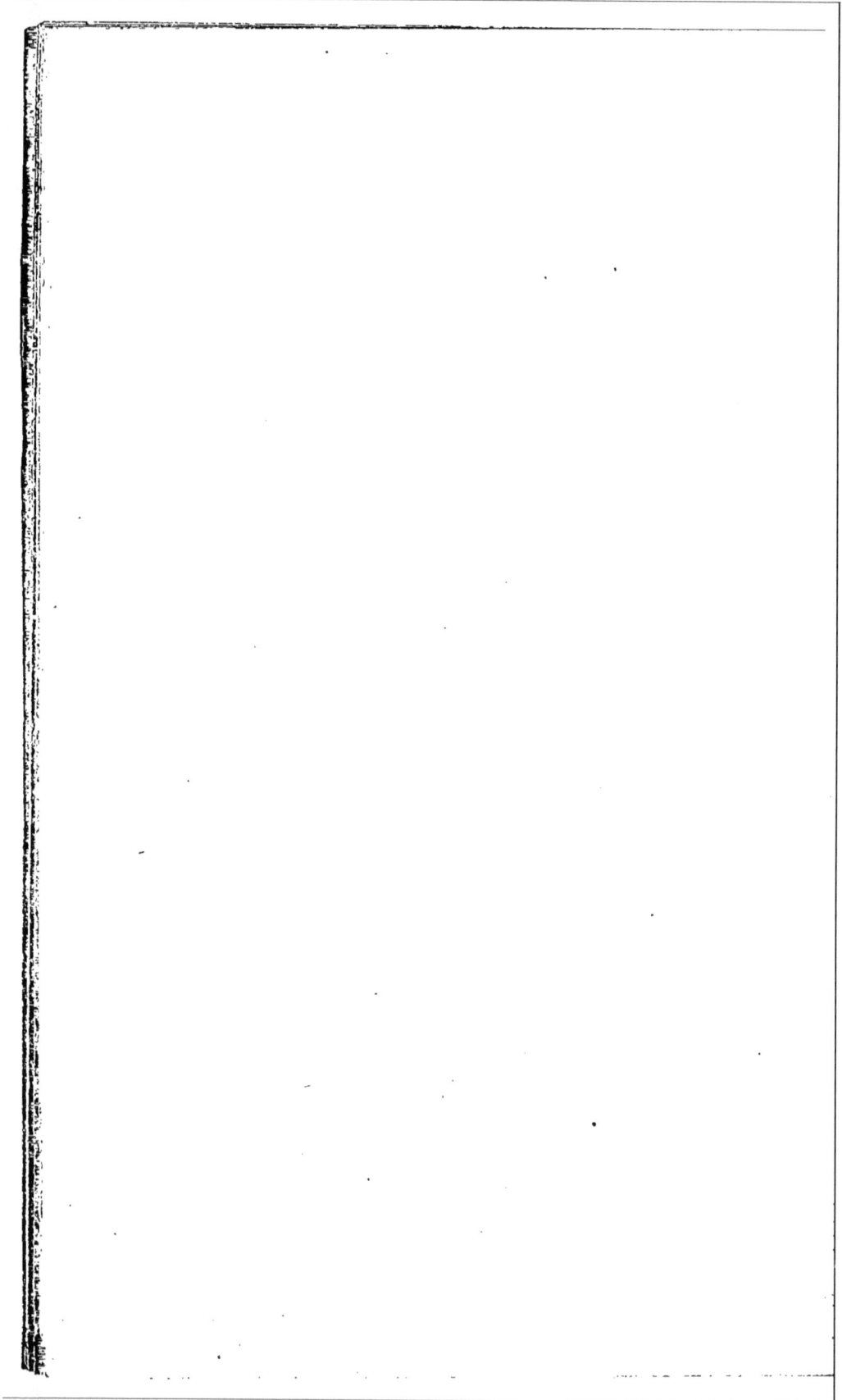

LE
QUARTIER MONTPARNASSE

ET LA

PAROISSE NOTRE-DAME-DES-CHAMPS

~~~~~~~~~~~~~~~~~

Un jour, un empereur d'Allemagne qui faisait bâtir une cathédrale, envoya demander au Pape des reliques des saints martyrs pour en enrichir les autels.

Le souverain pontife, en réponse à la requête de l'ambassadeur, se baissa et, ramassant dans le creux de sa main un peu de terre, lui dit :

« Prenez cette poussière et portez-la à votre maître ; tant de chrétiens ont donné à Rome leur vie pour la foi du Christ, que son sol est partout

1

imprégné de leur sang. Les chrétiens d'Allemagne peuvent vénérer avec confiance cette poignée de terre, comme la cendre sacrée des confesseurs de la foi ! »

En entreprenant de raconter l'histoire de cette humble parcelle de notre Paris, qui s'appelle le quartier Montparnasse, je puis appliquer la parole de ce Pape si pénétré de vénération pour le sol romain. Vieux Parisien, amoureux fou de mon cher Paris, je saisis une poignée de son sol et je vous dis : « Regardez cette poussière, c'est l'histoire de la patrie ! »

Oui, le quartier Montparnasse a d'autres renommées que celles de ses bals et de ses barrières. Et lorsque vous allez l'interroger, avec quelque méfiance peut-être, il vous jettera les noms illustres de son passé, qui ne sauraient manquer de vous surprendre.

J'avais entrepris ces recherches uniquement pour les ouvriers du cercle Montparnasse, comme préambule de l'histoire de cette maison qu'ils aiment tant. J'étais heureux de leur apprendre les souvenirs patriotiques de ce sol béni, et bien aimé de nous tous. Mais, comme un magicien novice dans son métier, j'ai été saisi d'étonnement, et comme ébloui devant tant de figures illustres que j'avais évoquées sans le savoir, et je me suis permis de vous appeler aussi à partager ma joie.

Je serais amplement payé de mes peines, s'il m'était possible de vous faire participer à l'émotion qui faisait battre mon cœur, à mesure que remontant dans le passé, je découvrais la trace d'un grand événement, ou seulement le passage d'un de nos héros ou de nos grands génies.

Il est au cœur de l'homme, un sentiment plein de charmes, c'est le culte des souvenirs. Pour vous, membres du Cercle Montparnasse, la maison qui vous a réunis et qui vous a fait connaître les uns aux autres, vous est chère comme la maison paternelle; ce boulevard, dont vous avez pris si souvent le chemin, est aimé de vous, comme le pays natal et les rues de votre village; comme les vieux parents et les amis d'enfance laissés là-bas. De même que vous pleurez parfois, en pensant à ces lieux et à ces êtres chéris, un jour, retournés en votre province, chefs, à votre tour, d'une famille, et entourés de tout ce que vous regrettiez, vous ne vous rappellerez pas, sans larmes, cette maison où s'abrita votre jeunesse pure et joyeuse.

Ce culte des souvenirs, il vit dans les âmes, aussi bien pour l'histoire du pays que pour les choses intimes de la vie. Au milieu de vos actions ordinaires, en vos courses de travail ou de délassement à travers nos rues et nos boulevards, sur ce sol dont vous saurez bientôt l'héroïque histoire, vos cœurs palpiteront de généreux battements. Vous entendrez, sur quelque place effacée par un alignement brutal, les voix du passé de la France. Une simple promenade à deux, ou solitaire, au milieu de ces débitants trop nombreux, ou des groupes de badauds de nos carrefours, vaudra pour vous un pèlerinage.

En éloignant votre regard de ces misérables spectacles, et en n'écoutant pas ces bruits vulgaires, vous vous sentirez au fond de l'âme émus et recueillis. De cette méditation du passé résultera pour vos caractères plus d'élévation et de vigueur.

L'amour de son quartier, c'est quelque chose comme l'amour du foyer. Si l'esprit de famille va toujours s'affaiblissant, cela tient beaucoup à la facilité des déplacements et à l'abandon des demeures héréditaires. Certains appétits de bien-être et de faux luxe, font que l'on quitte sans peine sa province, son quartier, son domicile. On se sépare trop aisément des rues et des places pleines de son existence d'autrefois.

Aimons, d'un amour profond et vrai, notre ville et notre quartier. Appliquons-nous pour cela à les bien connaître et à faire revivre devant nous les hommes et les faits de son histoire ; combien nous aimerons alors notre pays, et combien nous serons prêts à oublier nos divisions de partis pour nous unir et pour le défendre, comme nos pères l'ont aimé et défendu !

Notre étude ne s'est pas restreinte au territoire officiellement désigné comme *Quartier Montparnasse*, dans les divisions actuelles du 14e arrondissement. Ce quartier a vu ses limites changer si souvent, depuis son annexion à la capitale, en 1702, qu'on ne peut guère, en son histoire, lui assigner des frontières et s'y renfermer exactement. Nous avons adopté, comme base de notre travail et de nos recherches à travers les annales parisiennes, le territoire proprement dit de la Paroisse.

Son premier titre ne date pas de l'année 1858, où fut érigée l'église de bois. Il lui est antérieur de bien des siècles. La paroisse Notre-Dame-des-Champs figure sur les rôles de taxe de 1292 et de 1313. Comme elle était située alors dans les parages du Val-de-Grâce, le territoire du vrai quartier Montparnasse doit donc commencer à la rue du faubourg Saint-Jacques ; il a pour centre le boulevard Montparnasse et s'arrête à la rue du Cherche-midi, limite de la paroisse actuelle.

Et d'abord, d'où vient ce nom de Montparnasse attribué à notre quartier ? On sait qu'il appartenait, dans l'antiquité, à une montagne de la Grèce, dont la mythologie avait fait le séjour habituel d'Apollon et des Muses. Quel rapport ce souvenir poétique peut-il bien avoir avec notre quartier fort prosaïque d'aspect, grâce aux industries variées de consommations qu'entraîne nécessairement le voisinage d'une gare de chemin de fer, grâce surtout aux vestiges de ses anciennes barrières, sans parler de ses bruyants tramways ?

Avant l'année 1760, où Louis XV ordonna l'établissement des boulevards du Midi, il existait à l'embranchement actuel du boulevard d'Enfer et du boulevard Montparnasse, une sorte de butte dont aujourd'hui on ne soupçonnerait pas l'existence et qui porte sur les anciens plans le nom de *Montparnasse* ou de la *Fronde*. Les anciens du quartier se souviennent encore des monticules se prolongeant sur l'emplacement de la rue Delambre où, dans leur enfance, ils faisaient envoler leurs cerfs-volants.

C'était sur cette hauteur, sans doute ombragée de beaux arbres et dominant la vallée où devait s'étendre un jour l'immense cité, qu'au XIIIe siècle, les écoliers de l'Université de Paris, s'assemblaient pour discuter le prix de poésie et pour lire leurs écrits à leurs maîtres.

Telle est, selon nos vieux auteurs, l'origine du nom classique de notre quartier.

I

Montparnasse et les Romains.

Avant le XIIIe siècle, époque qui nous semble déjà bien reculée, notre sol avait déjà une histoire et des souvenirs glorieux.

Dès l'an 704 de la fondation de Rome et cinquante ans avant Jésus-Christ, nous trouvons sur notre territoire les traces des derniers efforts des Gaulois pour leur délivrance de la domination romaine.

A cette époque, Jules César fut obligé de repasser en Italie. Presque toutes les Gaules, profitant de son absence, avaient tenté de se révolter. Informé de ce mouvement, le jeune conquérant se hâta de rentrer dans les Gaules et, tandis qu'il se disposait à faire le siège de Gergovie, il dépêcha Labienus, un de ses meilleurs lieutenants, contre Paris soulevé, qui avait choisi, pour le défendre, un vieux général nommé Camulogène.

Labienus, par suite d'opérations stratégiques très habiles, trompa la vigilance des Gaulois et parvint à faire débarquer ses troupes sur la rive gauche de la Seine, à l'extrémité de la plaine de Grenelle, au lieu appelé Moulin de Javel. Les Gaulois, quoique surpris, se défendirent vaillamment et tinrent quelque temps la victoire en balance. Enfin ils succombèrent sous l'effort des Romains. L'aile droite de leur armée se défendit jusqu'à la dernière extrémité. Ceux qui la composaient furent taillés en pièces avec leur général, sans qu'aucun soldat eut quitté son rang. Le reste de l'armée vaincue se sauva à la faveur des collines et des bois. César devint maître de Paris. On voit que la bataille fut livrée sur le territoire situé entre les hauteurs de Vaugirard et de Montparnasse, dans les plaines de Grenelle et de Plaisance, c'est-à-dire sur le 15ᵉ et le 14ᵉ arrondissement. C'est donc ce quartier de Paris qui a l'insigne honneur d'avoir été le théâtre principal de la dernière lutte de nos pères contre leurs envahisseurs. Ce sol a été témoin de leurs combats suprêmes et trempé de leur sang.

Le souvenir n'en est pas effacé entièrement ; une voie plutôt tracée que bâtie sur le territoire de Plaisance, non loin de la porte de Vanves, porte le nom de *rue Camulogène.*

Des plaques funéraires placées dans les salles de la mairie de notre arrondissement, portent les noms de ses habitants, morts sous nos remparts, en 1870, pour la défense de Paris contre ses modernes envahisseurs. Les fils des vieux Gaulois n'ont pas été indignes de leurs pères ; leur sang s'est mêlé à leurs cendres sur le même champ de bataille, à dix-neuf cents ans de distance. Honneur à nos concitoyens, morts comme eux pour l'indépendance nationale !

Quelle était à cette époque l'étendue de la vieille Lutèce, berceau de Paris ? Quel était l'aspect des lieux qui l'environnaient, et où la grande capitale devait s'étendre un jour ? Quelle pouvait être, surtout, la physionomie de cette partie de son territoire appelée, aujourd'hui, le quartier Montparnasse ?

C'est ce dont les anciens historiens de Paris ont cherché à se rendre compte par l'étude des auteurs de l'antiquité. Ils ont scruté patiemment les commentaires de César sur la conquête des Gaules, les écrits de Strabon, d'Amien Marcellin, etc. Les découvertes faites dans le XVIIᵉ siècle et de nos jours, par suite des fouilles opérées sur le vieux sol parisien, ont fourni des données plus précises sur l'état probable de la ville pendant la domination romaine. A l'aide de ces renseignements, on a pu dresser des plans de Lutèce et de ses environs.

La ville était exclusivement renfermée dans l'île de la Seine, qui a conservé, à travers les siècles, son nom générique de *Cité*. Si étroite qu'elle nous paraisse, pendant longtemps elle ne fut pas complétement habitée, et comprenait des champs vagues et de nombreux espaces non bâtis. D'après les découvertes récentes, il est démontré qu'au temps de la domination romaine et durant plusieurs siècles, l'agrandissement de la ville s'effectua sur la rive gauche de la Seine. A partir de l'enceinte de Philippe-Auguste, il n'a cessé de se porter sur la rive droite.

Ce fut sur la rive gauche, que s'éleva la résidence mpériale, le célèbre palais des Thermes où Julien l'Apostat fut proclamé empereur ; il touche à notre quartier ; ses jardins s'étendaient sur le littoral de la Seine, depuis la rue Saint-Jacques jusqu'au Pont des Arts. Tandis que la rive droite, entièrement déserte, était couverte de bois, et entrecoupée de prairies et de marais incultes, la rive gauche était couverte de champs cultivés. Sur le plan annexé à l'histoire de Paris par le P. Lobineau, des enclos et des habitations sont indiqués sur l'espace compris entre la rue de Sèvres et le boulevard Montparnasse, avec cette désignation : « Maisons de campagnes où les Gaulois cultivaient des figuiers. » Les terrains situés entre la rue de Grenelle et l'avenue d'Orléans, c'est-à-dire le faubourg St-Germain, Vaugirard, Plaisance et Montrouge, étaient en pleine culture ; les nôtres étaient couverts de vignobles.

Sur un plan plus moderne, annexé à l'histoire de Paris de Dulaure, et augmenté des découvertes récentes, l'avenue d'Orléans, les rues de Grenelle de Sèvres et de Vaugirard sont indiquées comme d'anciennes voies romaines. Un aqueduc construit par les Romains longe la rue de la Tombe-Issoire et la rue du faubourg St-Jacques, parallèlement aux conduits actuels, qui nous amènent l'eau d'Arcueil. Un camp romain est figuré sur l'emplacement du Luxembourg. Le côté de Paris occupé par le quartier Saint-Marcel était inculte comme celui de la rive droite, et couvert de prairies et de marais formés par l'épanchement des eaux de la Bièvre.

II

Montparnasse et le Christianisme.

Dans le plan de Lutèce, tiré du célèbre Traité de police de Nicolas Delamarre, et tel que l'ont décrit Jules César, Strabon, l'empereur Julien et Amien Marçelin, sur un monticule voisin d'une voie située dans l'alignement actuel de la rue du faubourg Saint-Jacques, s'élève un temple dédié à Mercure, au milieu d'un champ appelé *Champ des Sépultures*.

Diverses fouilles effectuées en 1630 ont fait découvrir des caveaux funéraires assez étendus, et c'est dans l'une de ces catacombes antiques que saint Denis se retirait pendant la persécution, et qu'il administrait le baptême aux premiers catéchumènes. Cette catacombe a été conservée et servit de crypte à l'église Notre-Dame-des-Champs, bâtie par le roi Robert. Comblée pendant la Révolution, elle a été retrouvée et restaurée en 1856, mais elle est peu accessible, se trouvant renfermée dans la stricte clôture des Carmélites du faubourg Saint-Jacques, dont l'entrée est présentement rue d'Enfer au n° 25.

Notre paroisse est donc le premier sanctuaire chrétien érigé à Paris. En même temps, que saint Denis est le premier évêque de Paris, il se trouve être notre premier curé. C'est cette grande figure d'apôtre et de civilisateur de la France, que nous rencontrons dès nos premiers pas sur le sol de Montparnasse.

Les premières pages de ses annales s'illustrent déjà par le patriotisme et par la foi.

A la porte de l'antique église, on voyait, à la fin du dernier siècle, une pierre carrée, d'un pied de diamètre, sur laquelle était sculptée une figure de la Vierge tenant son fils sur ses genoux, autrefois émaillée d'or et d'azur. C'était la copie, rapporte Flavin, de l'image de la Vierge apportée par saint Denis en Gaule.

Dans la base étaient gravés quatre vers latins :

Siste viator iter, Mariam reverentes honora
Num fuit hæc saxo primúm depicta minori
Quod medium spectas ad sculptam primitus ædes
Et Basilica tenet tanto de nomine dicta.

« *Arrête, voyageur, et salue avec révérence*

*Marie, car cette image est la première sculptée
à sa ressemblance, et c'est d'elle que cette basi-
lique tient son nom illustre. »*

Cette image existe encore dans le couvent des
Carmélites dont nous reparlerons plus loin.

III

Montparnasse et les Normands.

Les terribles invasions des Normands, et les différents sièges de Paris qu'ils tentèrent au neuvième
siècle, nous fournissent quelques faits ayant rapport
à notre territoire. La riche abbaye de Saint-Germain des Prés, si voisine de nos parages, attirait sur
la rive gauche leurs persévérants efforts.

Le premier siège de Paris par les Normands
commença le 25 novembre 885. Quelques savants
en comptent trois avant celui-ci, mais ce ne furent
que de simples irruptions. Ces peuples, au nombre
de trente à quarante mille hommes, se présentèrent
devant Paris, conduits par quatre rois de leur
nation, avec sept cents grandes barques, sans
compter un si grand nombre de nacelles ou de petits
bateaux, que cet armement couvrait plus de deux
lieues de la rivière *au-dessous* de la ville.

Le 26 novembre, Sigefroi, l'un de ces rois qui
avait le commandement général de l'armée, s'adresse

à l'évêque Gozlin, à qui il demande passage pour lui et pour ses troupes, prétextant ne vouloir que remonter le fleuve au-dessus de la ville, avec promesse que ni le prélat, ni le comte Eudes n'en recevraient aucun dommage. Gozlin répond que le comte et lui tenaient la ville pour l'empereur, et qu'ils la lui conserveraient de tout leur pouvoir. Sur ce refus, Sigefroi se retire avec de grandes menaces.

Eudes commandait dans la ville en qualité de comte ou de gouverneur. Il était secondé par son frère Robert; ils avaient avec eux quantité de vaillants hommes, entre autres le comte Raguenaire et l'abbé Eble, neveu de l'évêque Gozlin, résolus de tout souffrir plutôt que de rendre la place.

Paris ne s'étendait pas encore au-delà de la cité. On ne pouvait y entrer que par les deux ponts établis sur la rive droite et sur la rive gauche, défendus chacun par une tour qu'on appela depuis le grand et le petit Châtelet.

Les Normands, ayant débarqué une partie de leurs troupes, commencèrent, dès la pointe du jour, par attaquer la tour du Grand-Pont, du côté de Saint-Germain-le-Rond ou l'Auxerrois, où l'évêque Gozlin, le comte Eudes, le comte Robert, l'abbé Eble et d'autres braves combattants s'étaient renfermés.

Cinq assauts furieux se succèdent à de courts intervalles, sans avantage de la part des Normands; les assiégés les repoussent, soutenus par l'intrépide

2

. patriotisme de leur clergé, et, surtout, de l'évêque Gozlin, dont la grande figure a quelque chose de surhumain et a servi de modèle aux personnages héroïques des chansons de geste, tels que l'évêque Turpin, dans le poëme de Roland.

Repoussés dans leur attaque de la rive droite de la Seine, les Normands essaient de surprendre la ville par la rive gauche. Sigefroi découragé avait enfin retiré la plus grande partie de ses troupes. Cependant, plusieurs de ceux qui étaient demeurés au camp passèrent la rivière pour aller piller l'abbaye de Saint-Germain-des-Prés ; mais ils tombèrent presque tous entre les mains de la garnison qui veillait à la défense de la tour méridionale.

Pendant la nuit du 6 février, la moitié du pont qui tenait à la ville du côté de cette abbaye fut renversée par les eaux de la rivière, qui s'était subitement débordée jusqu'à couvrir toute la campagne voisine ; et ce triste accident, qui mettait les Parisiens hors d'état de porter secours à la tour ou forteresse, qui défendait l'extrémité de ce pont sur la rive gauche de la rivière, fit espérer aux Normands qu'ils pourraient facilement s'en rendre es maîtres.

Le 7 février, déjà sûrs du succès, ils traversent la rivière dès le matin et investissent la tour. Il ne s'y trouvait pour la garder que douze hommes ; mais c'étaient les plus braves guerriers de la garnison de Paris. L'évêque Gozlin les avait choisis lui-même, et la confiance qu'il avait en eux ne fut pas trompée. Ils ne cédèrent que lorsqu'il n'y eut plus de possibilité de résister.

Les Normands, après avoir éprouvé leur courage et désespérant de les réduire par la force, allumèrent un grand feu au pied de la tour ; ce nouveau danger ne put ébranler ces douze héros. Ils résistèrent toujours et essayèrent d'éteindre le feu ; malheureusement, le seul vase qui leur servait à puiser de l'eau, s'échappa de leurs mains. Le feu gagnait. Il fallut prendre un parti. Ils sortirent et se jetèrent sur un bout de pont qui était resté du côté de la tour, c'est-à-dire, isolé du reste de la ville. Ils s'y soutinrent encore quelque temps. Cette grandeur de courage sembla exciter l'admiration des barbares.

Ils crièrent aux douze guerriers de se rendre et leur promirent des conditions honorables. Il ne restait en effet que ce parti à prendre, ou à se dévouer à une mort inutile. Les douze Parisiens, pleins de confiance, acceptèrent et mirent bas les armes qui ne pouvaient plus leur servir. On leur promit la vie moyennant une forte rançon.

Un d'eux, nommé Ervé, reprenait le chemin de la ville, pour aller chercher la somme dont on était convenu, lorsque les perfides Normands firent trancher la tête aux autres, Ervé, ne pouvant souffrir la vue de cet horrible spectacle, retourne furieux aux ennemis pour venger la mort de ses compagnons. L'un d'eux eut pourtant le bonheur de se retirer des mains des barbares et de se sauver à la nage, mais Ervé trouva la mort qu'il était allé chercher. La nuit étant venue, il ne fut exécuté que le lendemain. On jeta son corps à la rivière comme celui des dix autres.

La chute du pont, l'embrasement de la tour, la perte des hommes, devaient beaucoup affaiblir les assiégés. Tout cela ne fit que redoubler leur courage ; Les Normands couvrirent de leurs troupes la *prairie voisine* de la tour qu'ils avaient rasée, sans doute, celle où s'élevait l'abbaye de Saint-Germain-des-Prés et les environs, c'est-à-dire l'emplacement des quartiers de Saint-Sulpice et du Luxembourg.

Désespérant de venir à bout de la ville défendue avec tant d'intrépidité, les Normands, sans perdre de vue, cependant, le siège de Paris qu'ils tenaient toujours bloqué, ravagèrent tout le pays entre la Seine et la Loire, appelé Neustrie, où ils firent un butin immense. Ils revinrent sous les murs de Paris, amenant avec eux un nombre prodigieux de troupeaux. Ils en remplirent l'église de l'abbaye, et toute la prairie voisine en fut couverte, dit Abbon, *aussi loin que la vue pouvait porter,* par conséquent, sur tout le terrain où s'élève aujourd'hui notre quartier. Il y avait là de quoi nourrir l'armée ennemie pendant plusieurs mois ; elle en profita peu, la contagion se mit parmi les animaux; il en périt un très-grand nombre et il fallut jeter leurs cadavres à la rivière.

Les Normands avaient établi leur camp sur notre

territoire. Ils y revinrent constamment pendant les divers sièges qu'ils firent de Paris, mais inutilement. Cette fois, les fils des Gaulois baptisés par saint Denis, résistèrent à leurs envahisseurs, et, victorieux, les repoussèrent.

IV

Montparnasse et les Corporations ouvrières au moyen âge

Sous le règne de Louis le Jeune, les agrandissements de la ville sur la rive gauche commencèrent à déterminer le futur emplacement du quartier Montparnasse.

Vers la partie gauche de la rue Saint–Jacques, du côté de Notre-Dame des Champs, et jusqu'aux terrains occupés par la rue d'Assas, s'est élevée une habitation royale appelée hôtel Vauvert, construite par le roi Robert.

La rue du Cherche-Midi et la chapelle Saint-Sulpice indiquent l'accroissement de la population qui tend à se grouper autour de l'abbaye Saint-Germain-des-Prés, jusqu'alors totalement isolée.

Sous Philippe-Auguste s'élève l'enceinte de la ville du midi, restée telle jusqu'à Henri IV. Les portes les plus voisines du quartier Montparnasse, sont celles de Saint-Michel et de Saint-Jacques.

Entre ces deux portes, s'élevait le monument le plus curieux de l'histoire de Paris, et certainement le plus vénérable souvenir de ses corporations ouvrières. Nous voulons parler du célèbre *Parloir aux Bourgeois,* institué par Philippe-Auguste en 1204, et construit vraisemblablement vers 1208, en même temps que la nouvelle enceinte. Ce fut dans le parloir aux Bourgeois, qu'en 1260, Etienne Boileau convoqua les Prud'hommes des divers corps de métiers de Paris, afin de recueillir de leur bouche les us et coutumes de ces vieilles associations, et de rédiger, pour ainsi dire sous leur dictée, leurs statuts et règlements. On sait que ces admirables statuts formèrent *le registre des métiers,* véritable code du travail qui assura la prospérité des corporations, l'union des maîtres et des ouvriers, et la sécurité sociale jusqu'au jour (mars 1791) où la Révolution en les abolissant, voua la classe ouvrière à l'abandon et à la misère où nous la voyons.

Un débris de ce vénérable monument, le premier hôtel de ville de Paris (1), existait encore, il y a peu d'années, rue de Cluny, et consistait en une vieille tour démantelée que le boulevard Saint-Michel a fait disparaître. Ce souvenir du berceau des corporations et des confréries ouvrières, dont nos cercles

---

1. Celui de Boccador Cordone, brûlé par la Commune en 1871, avait été bâti sur l'emplacement de la *maison aux piliers,* en place de Grève, en 1357, pour y transporter le siège de la municipalité parisienne.

catholiques sont issus, nous a semblé précieux à consigner parmi les monuments qui se rattachent à l'histoire de notre quartier. Nous sommes heureux de posséder dans notre Musée du travail, la reproduction fidèle de la vieille tour contemporaine d'Etienne Boileau, père de ces glorieuses associations ouvrières catholiques, qui cimentèrent pendant tant de siècles l'union de l'Église et du peuple.

Sous Charles V, en 1367, commence la quatrième clôture de Paris. Elle est achevée sous Charles VI, en 1383.

La plupart des changements amenés par la construction de la nouvelle enceinte, affectèrent surtout la partie nord de la ville. Au midi, le choix que fit Robert Sorbon pour y établir des écoles, l'an 1280, y attira bientôt des gens de lettres, et fit entreprendre les bâtiments des autres collèges. Ce fut en ce temps que le concours des professeurs dans toutes les sciences et des écoliers de tous les pays chrétiens, fit donner le nom d'*Université* à ce quartier, pour le distinguer de la cité et de la ville. Toutes les industries qui se rattachaient à la confection des livres vinrent également s'y fixer, et même furent admises à faire corps avec l'Université elle-même. L'hôtel Vauvert est octroyé en don, par saint Louis, aux Chartreux qui s'y établissent. Les faubourgs s'étendent autour de l'abbaye Saint-Germain et de Saint-Sulpice, vers la porte Saint-Germain et de Bussy, ainsi qu'aux portes Saint-Michel et Saint-Jacques.

Aucune route n'est indiquée derrière le clos des Chartreux, conduisant du faubourg Saint-Jacques au faubourg Saint-Germain, c'est-à-dire, à la rue de Vaugirard, espace où s'élève le quartier Montparnasse, et qui était sans doute encore couvert de champs et de vignobles, sans autre route que quelques chemins ou sentiers dans les vignes.

V

Montparnasse et les Anglais.

En 1420, le duc de Bourgogne, pour se venger de la mort de son père, s'allia aux Anglais et fit entrer dans cette alliance injuste le roi de France lui-même, Charles VI devenu fou, et la reine Isabeau de Bavière, par le mariage de Catherine de France leur fille, avec Henri V, roi d'Angleterre. Par le traité qui fut depuis ratifié à Troyes, le 20 de mai, le roi d'Angleterre fut déclaré régent et héritier de la couronne de France, à l'exclusion du Dauphin, contre les lois fondamentales de l'état. Depuis le traité de Troyes, toute la France fut divisée en deux partis, dont l'un était composé de Bourguignons et d'Anglais, et l'autre de Français qui suivaient la fortune du Dauphin, le souverain légitime.

On sait l'action extraordinaire de la célèbre Jeanne d'Arc pour la délivrance de son pays, comment elle délivra Orléans assiégé par les Anglais et conduisit elle-même le roi Charles VII pour le faire sacrer à Reims, après lui avoir fait passer plus de cinquante lieues en pays ennemi, sans qu'il trouvât aucune résistance.

Le roi, à son retour de Reims, reçut à son obéissance les villes de Laon, de Soissons, de Compiègne et les autres places jusqu'à Saint-Denis qui lui ouvrit ses portes. On persuada au roi d'aller droit à Paris. La ville était défendue par deux mille Anglais ; Jeanne d'Arc fut blessée dans l'attaque de la porte Saint-Honoré. Le roi avait espéré que les lettres adressées par son ordre aux principaux magistrats de la ville, feraient déclarer les bourgeois en sa faveur. L'événement contraire lui fit connaître qu'il n'était pas encore temps de rentrer dans sa capitale ; ainsi il se résolut de retourner en Berry, après avoir laissé une partie de ses troupes aux environs de Paris, sous le commandement du duc de Bourbon, du comte de Vendôme et de l'amiral de Culent.

Il n'y avait pas plus de quatre jours que s'était faite la tentative sur Paris, que le duc régent, pour le roi d'Angleterre, y revint. Il envoya aussitôt reprendre la ville de Saint-Denis, abandonnée par les troupes du roi. Comme le nombre des mécontents croissait de plus en plus dans la ville, plusieurs chevaliers, quelques conseillers du Parlement et du Châtelet, et les plus notables bourgeois conspirèrent ensemble de secouer le joug de la domination anglaise, pour se mettre sous l'obéissance de leur légitime souverain, mais le complot fut découvert et les principaux chefs justiciés.

Il s'en fallait beaucoup, cependant, que le parti anglais fût supérieur à celui de Charles VII ; dans la ville, on avait déjà traité secrètement avec lui, et l'on s'était assuré d'une amnistie générale de tout le passé, dont les lettres avaient été expédiées à Poitiers, dès le 27 février.

Au jour marqué, qui fut un vendredi après Pâques, 13 avril 1436, le connétable et le comte de Dunois, s'étant avancés toute la nuit, vinrent de grand matin, avec une partie de leur armée, tant de pied que de cheval, derrière les Chartreux.

Le connétable dépêcha vers la porte Saint-Michel quelques-uns des siens, auxquels il fut répondu par un homme qui était dessus, d'aller à la porte Saint-Jacques (maison Oudot, au coin de la rue Saint-Hyacinthe et de la rue des Fossés-Saint-Jacques).

Henri de Ville-Blanche, gentilhomme breton qui portait la bannière du roi, y courut aussitôt, et lorsque le connétable se fut présenté lui-même pour assurer de nouveau les habitants d'une amnistie générale, on lui livra l'entrée de la poterne par où il fit filer quelques soldats.

En même temps les serrures du pont-levis furent brisées, et l'on abattit le pont, de sorte que le connétable, accompagné du comte de Dunois, de Philippe, seigneur de Ternant, de Simon de Lallain, chevalier, et d'environ deux mille hommes, tant chevaliers qu'écuyers, entra dans la ville, avec toute sa cavalerie, sans trouver de résistance. Alors le maréchal de l'Ile-Adam, monté sur la muraille, arbora la bannière de France, en criant : « Ville gagnée ! »

La vieille tradition patriotique se perpétue. Ces parages qui furent témoins de la dernière résistance des Gaulois, et de la victoire sur les formidables irruptions normandes, ont sauvé Paris et l'ont rendu à la France.

C'est en nos quartiers, à travers les siècles, que se relève toujours l'honneur national !

VI

Montparnasse et les Huguenots.

Pendant le XVIe siècle, les faubourgs avoisinant la ville, du côté des portes Saint-Michel et Saint-Jacques, c'est-à-dire, le quartier du Luxembourg et du Montparnasse, furent notablement changés par l'ouverture de voies nouvelles. François 1er ordonna d'ouvrir une rue, entre le clos des Chartreux et les jardins des nombreux monastères et hopitaux, qui, de la rue Saint-Jacques, venaient y aboutir, sans issue sur la campagne, de l'autre côté des Chartreux, c'est-à-dire sur notre sol.

Les rues Saint-Dominique, Saint-Thomas, et

Sainte-Catherine, furent prises sur le clos des Jacobins, l'an 1549. Elles aboutissaient à la nouvelle voie. dite rue d'Enfer. Elles subsistent encore pour la plupart, mais ont perdu leurs vieux noms qui leur servaient d'actes de naissance. Les clos du Roi, ceux des Francs-Mureaux et des Bourgeois, au faubourg Saint-Jacques, plantés de vignes, furent couverts de maisons en 1558.

Nous ne ferons pas le récit des guerres de religion au XVIᵉ siècle. Elles sont pourtant fort ignorées, grâce aux nombreux historiens qui les ont racontées sans les avoir étudiées aux sources vraies de l'histoire. Nous ne connaissons ces guerres que par les pamphlets des protestants, des courtisans des Bourbons, des gallicans, des jansénistes et des révolutionnaires.

La Ligue ou la *sainte Union pour la conservation de la foi catholique et de l'État,* est sortie du peuple, principalement des corporations de métiers, mais avant tout, de l'attachement profond de la nation à l'Église et à la foi de ses pères. Elle prit naissance à Péronne. Ce fut de la Picardie que jaillit l'étincelle qui embrasa la France entière et la sauva du protestantisme. Ce fut Paris qui fut le principal théâtre de cette lutte, la plus héroïque qui se soit vue dans l'histoire ; un peuple entier, résistant, combattant, versant son sang et supportant joyeusement le supplice de la faim et la mort, pour la conservation de sa foi et la liberté de sa conscience. Sans la résistance de Paris, si odieusement parodiée et calomniée par la courtisanerie royale et l'hérésie furieuse, la France serait huguenote, c'est-à-dire qu'elle ne serait plus la France.

C'est sur la rive gauche que la sainte Ligue a pris naissance à Paris ; ses premiers conseils se tenaient aux portes du faubourg Saint-Jacques, tantôt dans un lieu, tantôt dans un autre, pour ne pas éveiller les soupçons, soit au collège Fortet, rue des Sept-Voies, soit à la Sorbonne et soit *aux Chartreux* (1).

Au commencement de l'année 1589, quand le duc de Mayenne mit Paris en état de défense, il requit de chaque bourgeois un homme *garni d'outils* pour travailler aux tranchées et fortifications. Il ordonna aux habitants des villages d'Ivry, de Vaugirard, de *Montrouge*, de Gentilly, d'Arcueil, de Bagneux, de Fontenay, de Clamart, de Châtillon et de Meudon, de prendre les armes et de se mettre en état de repousser l'ennemi (2).

Sur les anciens plans se trouve indiqué, à la place de notre boulevard, un fort remblai, commençant à la rue de Vaugirard et se terminant derrière les Chartreux. La différence de niveau est sensible encore aujourd'hui, sur les terrains qui bordent notre boulevard en contre-bas de son sol. Ce remblai était sans doute un des travaux de défense ordonnés

1. *Histoire de la Ligue*, par M. de Chalembert, tom. 1er, page 21.
2. *Histoire de la Ligue*, tom. 1er, page 265.

par le duc de Mayenne, et exécutés par les habitants les plus voisins.

Après la mort du dernier des Valois, Henri de Navarre avait été proclamé roi de France par l'armée royale. Henri IV tint quelques jours devant Paris ; manquant tout à la fois d'argent et de vivres, il fut contraint de lever le siège le 8 août. Mais après la victoire d'Arques, sur les troupes du duc de Mayenne, il revint le 31 octobre 1589, au village de Bagneux, à une lieue de Paris. Il distribua aussitôt son armée dans les villages de Montrouge, de Gentilly, d'Issy et de Vaugirard ; voulant dès le même jour reconnaître le retranchement des faubourgs du côté de l'Université, il dut traverser le quartier Montparnasse. Après cette reconnaissance, il tint aussitôt conseil, et résolut sur l'heure de commencer l'attaque par trois endroits différents. Il donna celle des faubourgs Saint-Marceau et Saint-Victor, au maréchal de Biron. Le maréchal d'Aumont, secondé par Bellegarde, grand écuyer, et par des Rieux, maréchal de camp, fut chargé d'attaquer les faubourgs *Saint-Jacques* et *Saint-Michel,* avec quatre régiments de soldats français, deux de suisses, conduits par d'Anville, leur colonel général, et quatre compagnies de volontaires. Un troisième corps eût ordre de donner du côté des portes de Saint-Germain, de Bussi, et de Nesle.

Le jour de la Toussaint, sur les dix heures du matin, toutes les troupes s'étant approchées des retranchements à la faveur d'un gros brouillard, donnèrent avec tant de vigueur, qu'en moins d'une heure ils furent emportés aux trois attaques. Sept à huit cents hommes de ceux qui les défendaient y furent tués, avec perte de quatorze enseignes et de treize petits canons.

Seuls 150 arquebusiers parisiens se maintinrent dans la tour de l'abbaye Saint-Germain-des-Prés, et s'y défendirent jusqu'à la nuit. Le roi de Navarre, devenu maître de tous les faubourgs de la partie méridionale de Paris, les abandonna au pillage de ses soldats, tenant ainsi la promesse qu'il avait faite aux Suisses de leur donner le butin des villes de son royaume en solde de leur paye. Il avait seulement recommandé qu'on respectât les églises.

Le roi resta au faubourg Saint-Jacques et se logea au Petit-Bourbon, maison appartenant à Jérôme Chapelain, donnée à son aïeul lors de la confiscation des biens du duc de Bourbon; et comme il avait besoin de repos, on dut faire dans la salle un lit de paille fraîche, sur laquelle il reposa environ trois heures.

Le Petit-Bourbon était situé sur l'emplacement même du Val-de-Grâce, en face Notre-Dame des Champs et à quelques pas du boulevard, mais encore assez loin de la porte Saint-Jacques.

Le lendemain le prince se disposait à ordonner une nouvelle attaque, lorsqu'il apprit que le duc de Mayenne, déjà précédé par le duc de Nemours, venait d'arriver avec son armée. Il ne pouvait plus dès

lors songer à s'emparer de la ville défendue par des
forces si considérables, et il donna aussitôt l'ordre à
ses soldats d'évacuer les faubourgs. Toutefois il se
tint encore toute la matinée en bataille devant les
murs, pour provoquer l'ennemi au combat, et ce ne
fut qu'après s'être assuré qu'il ne se présenterait pas
qu'il se décida à prendre la route de Montlhéry (1).

Un peu plus tard, Henri IV eut recours à une
tentative désespérée pour s'emparer de Paris. Ayant
pris quelques-uns de ses meilleurs régiments d'in-
fanterie, avec plusieurs escadrons de noblesse, il se
dirigea le 10 septembre au soir, sur Paris, pour y
arriver le matin, dès la pointe du jour, et tenter une
escalade, qui lui livrerait peut-être la ville sans défense et par surprise... L'avant-garde béarnaise,
commandée par Châtillon, arriva en effet sur le minuit,
à la hauteur du faubourg Saint-Jacques. Le
bruit des armes et des pas des chevaux donna d'a-
bord l'alarme aux sentinelles, et les bourgeois aver-
tis se rendirent en armes sur les remparts ; mais
comme il faisait nuit, qu'on ne voyait rien et que le
bruit avait cessé, on crut que c'était une fausse
alerte et chacun se retira.

Les PP. Jésuites seuls, dont le collège était dans
le voisinage (aujourd'hui collège Louis-le-Grand),
et quelques bourgeois moins confiants, entre autres
le libraire Nicolas Nivelle, et l'avocat anglais Guillaume Balden, demeurèrent sur les murailles à faire

1. *Histoire de la Ligue*, T. 1ᵉʳ, p. 326.

la garde ; ces précautions n'étaient pas inutiles, car, sur les quatre heures du matin, les soldats royaux, profitant d'un brouillard épais, se glissèrent dans le fossé sans être aperçus, et y placèrent sept à huit échelles, à l'aide desquelles ils escaladèrent les murailles. Mais les jésuites n'avaient pas quitté leur poste ; ils repoussèrent les premiers assaillants à coups de hallebardes, et appelèrent au son du tocsin les bourgeois des corps de garde environnants qui accoururent en toute hâte. Le roi, jugeant dès lors l'entreprise manquée, ne poussa pas plus avant, et reprit aussitôt le chemin de Bondy... (1).

Quel contraste avec la scène racontée plus haut, lors de l'entrée des troupes de Charles VII dans Paris, dont les portes sont ouvertes par les bourgeois eux-mêmes.

Un peu plus tard, il est vrai, elles seront livrées, plus ou moins loyalement, par Lhuillier, le prévôt des marchands, à Henri IV, mais à Henri IV catholique, et encore, c'est notre quartier qui résiste le dernier de la ville entière. A Notre-Dame, du côté du Louvre, on criait bien : vive le roi ! vive la paix ! mais sur la rive gauche l'élan n'était pas le même. Au carrefour Saint-Yves, on avait commencé à dresser des barricades. Les écoliers de l'Université se disposaient à y livrer combat. Le capitaine Crucé se dirigeait à la tête de douze ou quinze ligueurs *vers la porte Saint-Jacques,* pour s'y défendre

1. *Histoire de la Ligue,* T. 2, p. 37.

contre les troupes royales. Mais Brissac les ayant
rencontrés, les dispersa. Désespérés, dès lors, de ne
pouvoir prolonger la lutte, ces derniers et intrépides
champions s'étaient retirés, l'indignation dans l'âme,
en s'écriant : « *Nous sommes vendus!* » (1)

Malgré l'édit d'abolition que le roi avait rendu et
en vertu duquel il s'était engagé à n'exercer aucune
recherche pour le passé, il se décida à faire dresser
la liste de tous ceux qui, dans chaque quartier, pas-
saient pour avoir prolongé la lutte avec le plus
d'acharnement, et à leur intimer l'ordre de quitter
immédiatement la capitale. Nombre d'habitants
principaux de nos quartiers y figurent, et beaucoup
d'ouvriers, notamment les imprimeurs.

L'Université et le quartier Saint-Jacques où
les monastères étaient si nombreux, renfermaient
la population la plus catholique de Paris, dont le
maréchal de Castelnau disait en 1562 :

« Le peuple de Paris a toujours été autant zélé à
la religion qu'autre de tout le royaume de France,
dans lequel il se voyait beaucoup d'altération en la
religion ; ce qui était remarqué des étrangers et de
toute sorte de gens, et que sitôt que la messe était
dite, en beaucoup de lieux, on fermait les églises ; au
contraire à Paris elles étaient ouvertes tout le jour
avec grande dévotion d'un chacun qui oyait la messe
jusqu'à midi ; et se faisaient plusieurs vœux et assemblées le reste du jour aux dites églises, avec offre

1. *Histoire de la Ligue,* T. 2, p. 273.

de cierges et autres dons ; aussi en ville il y a beaucoup d'hôpitaux et grand nombre de religieux et couvents dont le nombre croît tous les jours. Et entre
toutes celles de France, celle-ci se promettait d'être
bien gardée et qu'elle serait exempte de prêche, comme
elle fut et a toujours été depuis la déclaration faite
quelques jours après sur l'édit de janvier... »

L'enseignement sorti de la catacombe de Notre-
Dame-des-Champs, où les premiers catéchumènes
parisiens reçurent la parole divine et le caractère du
baptême, fit de notre quartier la citadelle de la foi,
comme du patriotisme.

Puisse le quartier Montparnasse continuer la
vieille renommée constatée par le chroniqueur que
nous avons cité !

VII

Montparnasse et les Carmélites.

Aucun grand événement historique, durant les
règnes de Henri IV et de Louis XIII, ne vient enrichir les souvenirs de notre territoire. Les chroniques du temps ne relèvent guère que les duels nombreux qui avaient lieu sous les murs de l'enclos des
Chartreux, rapportés dans le journal de l'Estoile.

A cette époque, aucune trace d'une voie de com-
munication n'est indiquée sur les terres où plus tard

furent ouverts nos boulevards. On n'y voit toujours
que le chemin sans constructions de Notre-Dame-des-
Champs, appelé sur les anciens plans « le chemin
herbu ».

Revenons maintenant à l'ancienne chapelle titu-
laire de la paroisse Notre-Dame-des-Champs, où les
Carmélites de la réforme de sainte Thérèse, amenées
d'Espagne par les soins du cardinal de Berulle,
vinrent s'établir en 1604. On appelait aussi ce
prieuré Notre-Dame-des-Vignes, parce qu'il était
situé au milieu des champs et environné de vignes.
C'était un prieuré de l'ordre de saint Benoît, qui dé-
pendait de l'abbaye de Marmoutiers.

L'introduction des Carmélites en France, ne s'effectua pas sans de grandes difficultés. Mme Acarie,
femme du célèbre ligueur exilé de Paris par Henri IV,
béatifiée sous le nom de la bienheureuse Marie de
l'Incarnation, s'y employa avec un grand zèle.
Elle mourut carmélite. La duchesse de Longueville fut la fondatrice du monastère, ainsi que la
reine Marie de Médicis, qui le combla de ses pieuses
libéralités. Henri IV mit quelque hésitation à l'au-
toriser, à cause de son origine espagnole, dont il se
méfiait; mais il se décida, et ses lettres-patentes
ne sont pas exemptes d'une certaine ostentation
dans ses faveurs pour les ordres monastiques, et
sentent un peu le politique qui veut faire oublier
ses antécédents de roi huguenot.

Ce ne fut pas par hasard que la réforme du
Carmel choisit, pour son premier établissement en

France, le vieux prieuré en ruines dont l'appropriation employa des sommes considérables. La catacombe de Saint-Denis, souvenir des antiques luttes pour la foi, exerçait un charme puissant sur ces âmes saintes, où les ardeurs de la Ligue avaient changé d'objet, et s'étaient vouées aux œuvres de la prière et aux entreprises de la charité. Voici comment s'expriment à ce sujet si intéressant pour nos origines, les *Chroniques du Carmel :*

« Ce qui fesait désirer ce lieu préférablement à tout autre, c'était la tradition bien conservée en France, qu'il avait été dédié par saint Denis à la très sainte Vierge.

« Ce sanctuaire était demeuré presque désert par suite des troubles dans le royaume. On peut croire, sans trop de témérité, que la divine Providence l'avait conservé pour des âmes spécialement dévouées à honorer la sainte Vierge, et que celui qui avait rempli le cœur de sainte Thérèse d'un zèle si ardent pour le salut de la France, voulait établir ses filles là où l'apôtre et les premiers prédicateurs de ce royaume avaient travaillé à convertir les âmes, et pour leur remettre incessamment devant les yeux l'étroite obligation qu'elles ont contractée de participer à l'esprit de ces hommes évangéliques (1). »

… On ne peut lire les admirables écrits de sainte Thérèse, sans être frappé du zèle ardent qui embrasait son cœur pour le salut de la France.

1. *Chronique du Carmel*, T. 1er 29.

L'état déplorable où ce royaume se trouva réduit pendant la vie de cette grande sainte, lui fit verser des torrents de larmes ; aussi n'eut-elle d'autre but, en établissant à Avila le premier monastère de sa réforme, que de réparer, en quelque sorte, les sacri-lèges attentats des partisans de Luther et de Calvin contre la majesté divine. Cette séraphique mère s'en explique ainsi au premier chapitre de son livre *du chemin de la perfection :*

« Ayant appris les troubles de la France, les ravages qu'y faisaient les hérétiques, et combien cette malheureuse secte s'y fortifiait de jour en jour, j'en fus très vivement touchée ; et comme si j'y eusse pu quelque chose, ou que j'eusse été de quelque considération, j'en répandais des larmes devant Dieu et je le suppliai qu'il lui plût de porter quelque remède à un si grand mal. Il me semblait que j'aurais donné mille vies pour sauver une seule âme de celles qui se perdaient dans ce royaume. » (1)

Les émotions de nos grandes luttes religieuses étaient loin d'être calmées. L'entrée des Carmélites fut un triomphe pour les vieux ligueurs qui formaient toujours le vrai peuple de Paris, et surtout celui de notre quartier. C'en était fait du protestantisme en France. L'opinion nationale lui était absolument opposée. Un peu plus tard, la révocation de l'Edit de Nantes, si contradictoirement jugée aujourd'hui, fut saluée avec enthousiasme. Mais la France était

1. *Chronique du Carmel,* T. 1er p. 1re.

loin d'en avoir fini avec les ennemis de la foi. Les sourdes rumeurs de l'incrédulité que signalaient avec étonnement, au milieu de l'atmosphère si chrétienne du grand siècle, Bossuet et Fénelon, rendront non moins nécessaires qu'au temps de sainte Thérèse les prières et les pénitences du Carmel. Une fille de France qui pressent l'orage révolutionnaire, va bientôt offrir au Carmel le plus héroïque sacrifice, moins pour le salut de sa race que pour la conservation de la foi nationale. Le trône de saint Louis a été renversé, mais le Carmel de la rue Saint-Jacques s'est relevé, hélas, pauvre et humble, en comparaison des splendeurs de son origine.

Les Carmélites ont renoncé à leur majestueuse entrée par la rue du faubourg Saint-Jacques, franchie par les reines de France et par tant d'illustrations du génie et de la naissance. Une petite porte bourgeoise, rue d'Enfer, 25, suffit à leur monastère qui a perdu tous ses jardins (1) et sa splendide église; Il n'en reste plus pierre sur pierre. C'est aux livres du siècle dernier qu'il nous faut en demander la description.

1. Au milieu des constructions assez misérables qui ont envahi les anciens jardins des Carmélites, existe encore un des oratoires dits ermitages où les filles de sainte Thérèse se retiraient, cherchant une solitude plus entière au fond de leur désert. C'est là sans doute que la sœur Louise de la Miséricorde s'est réfugiée souvent pour y dérober les larmes de son repentir On peut l'apercevoir aisément par la rue Nicole, à travers les planches mal jointes qui enclosent un chantier d'entrepreneur.

Le dedans de l'église était magnifiquement décoré par la libéralité de Marie de Médicis, qui y employa longtemps Philippe de Champagne, son premier peintre. Les peintures à fresque de la voûte étaient de ce grand peintre.

La clôture qui séparait la nef du chœur était formée par quatre grandes colonnes de marbre, chargées de flammes en bronze doré. Sur la porte était un crucifix de bronze, chef d'œuvre de Jacques Sarrazin.

Le grand autel, magnifiquement décoré par Marie de Médicis, élevé sur douze marches était orné de colonnes aux chapiteaux de bronze doré. Dans l'attique était un grand bas-relief de bronze doré sur fond de marbre de Dinan, représentant l'Annonciation, œuvre d'Anselme Flamer. Deux anges de bronze étaient fondus par Perlan. Le tableau de l'Annonciation était du Guide. Le tabernacle en orfévrerie repressentait l'arche d'alliance (1); sous chaque vitrage de l'église était un tableau dans une riche bordure. Il y en avait douze dont les auteurs étaient Laurent de Lahire, Lebrun, Stella et Philippe de Champagne. L'un des plus remarquables était celui de Lebrun, représentant la Madeleine repentante, se dépouillant de ses orne-

1. L'orfévrerie seule coûta 43,500 livres, ce qui irait aujourd'hui jusqu'au double (*Chronique du Carmel*, T. 1er p. 284). Il faudrait aujourd'hui quintupler la somme ci-dessus pour en avoir l'évaluation, c'est-à-dire près de 250,000 fr.

ments mondains, chef-d'œuvre de ce maître, reproduit par un autre chef-d'œuvre du graveur Edelinct
La plupart de ces tableaux figurent aujourd'hui au
musée du Louvre. On admirait aussi dans cette
église la statue à genoux du cardinal de Berulle,
instituteur de la Congrégation de l'Oratoire et intro-
ducteur des Carmélites en France. C'était l'œuvre
du célèbre sculpteur Sarrazin. On peut la voir
encore aujourd'hui dans l'humble chapelle des Carmélites. C'est l'unique souvenir qui leur soit resté de
toutes les merveilles que nous venons d'indiquer.

Le monastère de la rue Saint-Jacques devint le
refuge des grandes pécheresses du XVIIe siècle. Il
dut sa fondation à la conversion de la fameuse
duchesse de Longueville. Louise-Françoise de la
Baume, duchesse de la Vallière, vint y expier ses
fautes par les austérités de la plus dure pénitence.
Elle changea son titre brillant contre le nom de
sœur Louise de la Miséricorde. C'est dans cette
église de Notre-Dame des Champs qu'elle fit sa pro-
fession et reçut le voile des mains de la Reine. Le
sermon de vêture fut prononcé par Bossuet; c'est
un de ses chefs-d'œuvre. Qu'on se figure la grandeur d'une semblable cérémonie, l'église trop petite
pour contenir la cour de Versailles, tout entière
accourue à ce spectacle inouï. Quelle animation
devait donner à notre pauvre rue Saint-Jacques la
splendeur des livrées et des carrosses de la cour du
grand roi !

Un autre illustre nom est venu ajouter une gloire

de plus à ce lieu si complétement oublié aujourd'hui ;
c'est celui de Turenne ; son cœur fut déposé à
Notre-Dame des Champs. Où sont aujourd'hui ces
restes précieux ? Qu'est devenue la tombe de
Mlle de Lavallière, depuis la vente de l'enclos des
Carmélites, le 9 thermidor an V, et l'ouverture de
la rue du Val-de-Grâce qui a partagé le jardin ?

Presqu'en face l'entrée du monastère des Carmélites par la rue Saint-Jacques, s'élève le magnifique
monument du Val-de-Grâce. Il fut fondé par la reine
Anne d'Autriche en accomplissement du vœu qu'elle
avait fait à Dieu, de lui élever un temple magnifique, en actions de grâces de lui avoir donné un
Dauphin, après vingt-deux ans de stérilité. Ce fut
Louis XIV qui, encore enfant, en posa la première
pierre, le 1ᵉʳ avril 1645. Il fut élevé sur l'emplacement du Petit-Bourbon, dont nous avons parlé plus
haut, et où Henri IV passa la nuit, après son échec
devant la porte Saint-Jacques. L'hôtel du Petit-
Bourbon, avait été occupé par M. de Berulle et la
congrégation de l'Oratoire, qu'il venait d'instituer.
Un intéressant souvenir s'attache à cet emplacement,
et nous nous y arrêterons quelques instants. Ce
n'est pas le monument, chef-d'œuvre de François
Mansart, et dont la majesté est un peu excessive pour
un monastère de religieuses, surtout, pour un hôpital militaire. En ce vieil hôtel du Petit-Bourbon, se
passa un des faits les plus importants de la vie de
saint Vincent de Paul, au début de sa longue et
glorieuse carrière. Dès son arrivée à Paris, il s'était

mis en rapport avec le cardinal de Berulle, dont
l'influence fut si considérable pour la rénovation
religieuse du xviiᵉ siècle. Une ancienne et touchante
tradition veut que leur première entrevue ait eu pour
théâtre l'Hôpital de la Charité où, inconnus l'un à
l'autre, ils visitaient les malades. Un jour, on parla
à M. de Berulle d'un pauvre prêtre qui remplissait
l'office d'un ange de miséricorde. Il voulut le voir.
On le lui montra confus, rougissant et cherchant à
se soustraire à tant d'hommages. Ces deux grands
chrétiens se comprirent aussitôt, et nouèrent une
liaison désormais indissoluble. Lorsque M. de
Berulle établit les premiers Pères de sa congrégation
au Petit-Bourbon (11 novembre 1611), Vincent
de Paul vint y loger ; son intention n'était pas,
comme il l'a souvent déclaré depuis, de s'agréger
au nouvel institut, mais seulement, d'échapper au
monde et d'attendre dans la solitude, la manifesta-
tion des volontés du ciel et, surtout, de se mettre
tout entier sous la direction de M. de Berulle, de
lui ouvrir son âme, dans son passé, son présent, ses
vues d'avenir ; et d'abandonner à sa décision l'arran-
gement de sa vie. Après avoir pratiqué pendant
deux ans le saint prêtre, et reçu ses plus intimes
confidences, M. de Berulle comprit aisément qu'il
était appelé à de grandes choses.

Au témoignage d'Abelly (1) et de Collet (2) il lui

1. (Livre 2, p. 24.)
2. (Tome 1ᵉʳ, p. 35.)

prédit que Dieu voulait se servir de lui, pour rendre à son Église un important service en établissant une nouvelle congrégation de prêtres qui la cultiveraient avec fruit et bénédiction. Ce fait est confirmé par le P. de la Tour, sixième général de l'Oratoire, dans sa lettre à Clément XI pour solliciter la canonisation de saint Vincent de Paul (1).

Ce souvenir est l'un des plus remarquables qui s'attachent à notre quartier, et j'avoue que chaque fois que j'aperçois le dôme somptueux qui le domine, c'est bien moins à Louis XIV, à Anne d'Autriche et à François Mansart que je pense, qu'à l'humble prêtre, père des pauvres, gloire de l'Église et de la France.

VIII

Montparnasse et Louis XIV.

Un jour, Louis XIV revenant de Vincennes, suivait, dans sa voiture, la ligne que décrivait le rempart, et rentrait à son palais du Louvre par la porte de Richelieu. Le roi fut frappé de l'état déplorable dans lequel se trouvaient ces anciennes fortifications ; il résolut à l'instant de remédier à un pareil état de choses. Un premier arrêt du Conseil d'État

1. *Saint Vincent de Paul*, par M. l'abbé Maygnard, tom. 1er, page 71.

du roi, à la date du 7 juin 1670, ordonna de faire travailler à la construction des remparts, depuis la porte Saint-Antoine jusqu'à celle de Saint-Martin.

C'est en 1676 que Louis XIV approuva le projet général des travaux d'embellissement de Paris, qui lui fut proposé par le Prévôt des marchands, Auguste-Robert de Pomereu, seigneur de La Brétèche-Saint-Nom, conseiller d'État, et par le Corps de ville, et qui comprenait le tracé des boulevards du midi, c'est-à-dire des boulevards des Invalides et de Montparnasse. Le plan d'ensemble fut approuvé par le roi, mais l'exécution n'en fut ordonnée que postérieurement.

Néanmoins, nous devons considérer cette date de 1676, comme celle de la création du boulevard Montparnasse, et l'an de grâce 1876, comme celle de son second centenaire.

Un almanach de 1784 nous explique l'étymologie du mot boulevard :

« Qui croirait que ce mot boulevard ne signifie, dans son origine, qu'un jeu de boule ? Le peuple de Paris jouait à la boule sur le gazon du rempart ; ce gazon s'appelait le verd ; on boulait sur le verd. On entendait autrefois de bonnes bourgeoises dire qu'elles s'en allaient promener sur le *bouleverd* et non sur le boulevard. On se moquait d'elles et on avait tort. »

En 1702, en raison de l'accroissement considérable des anciens faubourgs de Paris, le roi Louis XIV ordonna une nouvelle division de la ville par quartiers. L'ordonnance créa les quartiers Montmartre, Saint-Benoît et du Luxembourg, dont le nôtre a été détaché. Le prévôt des marchands s'appelait Charles Boucher, chevalier, seigneur d'Orsay, conseiller d'État.

Sur un plan de Paris de cette époque, le boulevard Montparnasse est indiqué pour la première fois, avec sa quadruple plantation d'arbres. Il est vrai que cette plantation n'y est indiquée que comme futur embellissement, car elle ne fut exécutée en réalité que soixante ans plus tard, en 1760, par Louis XV. On voit par ces dates que notre infortunée rive gauche a toujours été sacrifiée à la rive droite.

Sur ce plan de 1702, quelques-unes de nos rues actuelles, communiquant du boulevard Montparnasse à la rue Notre-Dame des Champs, paraissent pour la première fois. Ce sont celles qui portent maintenant les noms de Montparnasse, de la Grande-Chaumière et de Chevreuse, aboutissant en face l'emplacement du local du Cercle. Ces rues, d'ailleurs, ne portent aucune construction, et semblent ouvertes au milieu de jardins plus ou moins clos de murs.

Des souvenirs historiques se rattachent au n° 25 du boulevard Montparnasse, à l'ancien hôtel qui fait le coin de la rue de Vaugirard, et a donné son nom aux bains de Turenne. On prétend qu'il fut habité par le grand capitaine. Il est beaucoup plus certain qu'il appartenait à Mme de Maintenon, alors la veuve Scarron qui y faisait en secret l'éducation des enfants

de Mme de Montespan et de Louis XIV. Mme de
Maintenon dit elle-même, en l'un de ses entretiens :

« Je montais à l'échelle pour faire l'ouvrage des
tapissiers, parce qu'il ne fallait pas qu'ils entrassent.
Les nourrices ne mettaient la main à rien. J'allais
souvent de l'une à l'autre, et je passais quelquefois
la nuit chez un de ces enfants malades, dans une
petite maison hors de Paris. Je rentrais chez moi le
matin par une porte de derrière, et après m'être
habillée, je montais en carrosse par celle de devant,
pour aller à l'hôtel d'Albret ou de Richelieu, afin
que ma société ordinaire ne sût pas autrement que
j'avais un secret à garder. On le sut. De peur qu'on
ne le pénétrât, je me faisais saigner pour m'empêcher
de rougir. »

*L'histoire de Paris, rue par rue, maison par
maison, de M. Lefeuve,* conteste l'assertion pourtant très-exacte de la biographie de Michaud, qui
affirme que cette maison mystérieuse était située
près de Vaugirard. La preuve en est dans la lettre
ci-après de Mme de Sévigné, en date du 4 déc. 1673,
que l'on nous saura gré de citer à l'appui.

« ... Nous soupâmes encore hier avec Mme Scarron et M. l'abbé Têtu chez Mme de Coulanges : nous
causâmes fort, vous n'êtes jamais oubliée. Nous
trouvâmes plaisant d'aller ramener Mme Scarron à
minuit, au fin fond du faubourg Saint-Germain, fort
au-delà de Mme de Lafayette, quasi auprès de Vaugirard, dans la campagne ; une belle et grande maison, où l'on n'entre point ; il y a un grand jardin,

de beaux et grands appartements ; elle a un carosse, des gens et des chevaux ; elle est habillée modestement et magnifiquement, comme une femme qui passe sa vie avec des personnes de qualité ; elle est aimable, belle, bonne et négligée ; on cause fort bien avec elle ; nous revînmes gaiement à la faveur des lanternes et dans la sûreté des voleurs. »

On montre dans la partie des jardins dépendant encore de l'hôtel, une grande cuve en marbre blanc que la tradition du quartier prétend être la baignoire de Mme de Maintenon. Il n'y a rien d'impossible. Les jardins de l'hôtel s'étendaient assez loin dans la rue du Cherche-Midi. De misérables appropriations modernes déshonorent les restes majestueux de ce vieil édifice empreint du grand caractère de l'art monumental au siècle de Louis XIV, dont il est dans notre quartier le spécimen unique.

IX

Montparnasse et Port-Royal.

Revenons à cette partie du faubourg Saint-Jacques qui fait angle avec le boulevard de Port-Royal, lequel a pris son nom de l'ancienne abbaye actuellement transformée en maison d'accouchement, dont une partie des bâtiments dépasse l'alignement du boulevard Montparnasse et le domine.

Non loin du couvent des Capucins de la rue de
lla Santé, et avant l'ouverture du boulevard de
Port–Royal, il y avait une place plantée d'arbres
qui conduisait rue des Bourguignons et s'appelait
e champ des Capucins. C'était l'amorce du grand
boulevard qui, se reliant au boulevard Montparnasse, devait rejoindre le boulevard de l'Hôpital,
projeté sous Louis XIV, commencé sous Louis XV,
et aussitôt abandonné pour être repris et exécuté
sous le second empire, qui, comme on voit, ne l'avait
pas inventé.

Le champ des Capucins est aussi indiqué sur les
anciens plans, sous le titre de carrefour de la
Sainte–Hostie. On y avait élevé une croix dite de la
Sainte–Hostie en réparation d'un sacrilège. Trois
voleurs avaient jeté, là, au pied du mur du Val-
de–Grâce, toutes les hosties d'un Saint-Ciboire, pris
après effraction du tabernacle de l'église Saint-
Martin, au cloître Saint–Marcel. Une cérémonie
expiatoire avait été célébrée en ce lieu et une pro-
cession solennelle en rappelait l'anniversaire. Le
champs des Capucins et la rue des Bourguignons
ont été absorbés par l'ouverture du boulevard de
Port-Royal ; mais le carrefour de la Sainte-Hostie
est facilement reconnaissable le long des murs du
Val–de–Grâce. Libre à nous de vénérer en passant
ce lieu sanctifié par la piété de nos pères, et d'y faire
en particulier et en secret le pèlerinage de réparation maintenant oublié.

L'abbaye de Port-Royal est presque entièrement

4

conservée. Le monument et son histoire sont intimement liés à notre quartier, et ils méritent que nous nous nous y arrêtions assez longuement. Combien d'habitants du quartier Montparnasse longent les tristes murailles de cet hôpital, sans soupçonner les graves événements qui s'y rattachent.

Il y a eu deux abbayes de ce nom ; l'une aux champs, l'autre à Paris, et toutes deux de l'ordre de Citeaux. C'est la première de ces deux abbayes qui a donné le nom et les biens à celle de Paris. Elle fut fondée en 1204 par Mathieu de Montmorency, seigneur de Marly, et par Mathilde de Garlande. Nous verrons en 1793 un Montmorency, habitant du quartier Montparnasse, renfermé dans l'abbaye transformée en prison, sous le nom de Port-Libre, en sortir pour être conduit à la mort.

L'abbaye de Port-Royal des Champs tomba dans la suite des temps dans un grand relâchement ; mais en 1609 elle fut réformée par une femme alors sainte et pieuse, la mère Angélique Arnaud, amie et fille spirituelle de saint François de Sales et plus tard révoltée contre l'Église et l'un des principaux apôtres de la plus dangereuse hérésie, le jansénisme. La réforme de la mère Angélique fit tant d'éclat que le nombre des religieuses s'accrut tous les jours. En 1625, on y comptait quatre-vingts religieuses. Il fallut songer ou à augmenter les bâtiments ou à former un second établissement où l'on pût envoyer une partie des religieuses. Catherine Marion, veuve d'Antoine Arnaud, avocat célèbre qui avait plusieurs filles dans ce monastère et dont l'une en était abbesse, détermina bientôt la communauté sur le parti qu'elle avait à prendre. — Mme Arnaud acheta une grande maison située à l'extrémité du faubourg Saint-Jacques appelée l'hôtel de Clagny et la donna à l'abbaye de Port-Royal pour lui servir de décharge. On travailla aussitôt à convertir cet hôtel en monastère qui prit comme l'autre le nom de Port-Royal. En 1626 toute la communauté de Port-Royal des Champs y fut transférée. Comme on ne trouvait point encore dans l'hôtel de Clagny, ni les lieux réguliers, ni les autres commodités nécessaires à une communauté religieuse, Mme Arnaud résolut de faire bâtir un grand monastère pour lequel il fallut faire des dépenses considérables. De généreuses donations y pourvurent, affectées aux diverses parties des bâtiments.

Le détail est intéressant, car plus lo n nous reviendrons dans ce monastère pour y compter les victimes entassées par la Terreur, victimes expiatoires des erreurs et des fautes de leurs aïeux. Nous retrouvons en ces donateurs les plus orgueilleux sectaires du jansénisme.

Dame Anne Hurault de Chiverny, veuve du marquis d'Aumont, fit bâtir le chœur et tous les logements qui sont au-dessus. Le chœur, qui existe encore, est transformé en lingerie pour l'hôpital. Elle éleva les murs de clôture du grand jardin. La marquise de Sablé fit construire le corps de logis, avec le chapitre au bout du chœur. La princesse de

Guéméné, le logement dont le bas sert de sacristie et fait partie de l'un des côtés du cloître. Mlle d'Acquaviva, M. de Sévigné, M. le Maître, M. de Guénégaud et sa femme, Élisabeth de Choiseul-Praslin, et quelques autres firent bâtir plusieurs corps de logis pour s'y retirer. Louise-Marie de Gonzague de Clèves qui avait été élevée à Port-Royal et qui fut reine de Pologne, porta le roi son mari à faire de riches présents à ce monastère ; il donna, entre autres, un ciboire fait d'une agate enchassée dans l'or et enrichie de diamants, un soleil de cristal garni d'or, etc.

L'église fut construite par le célèbre Lepautre. La première pierre en fut posée le 22 avril 1646 et elle fut achevée en 1648. Elle n'a rien de bien remarquable. Quelques détails de style, notamment dans les boiseries des fonds baptismaux, révèlent la touche du maître. L'ensemble des bâtiments n'a aucun caractère. Le cloître, qui est très-étendu, est un chef-d'œuvre de laideur.

Duvergier de Hauranne, abbé de Saint-Cyran, fut l'apôtre de l'hérésie janséniste. Sa principale conquête fut celle de la famille Arnaud. Introduit dans le monastère, il gagna à sa cause les mères Agnès et Angélique Arnaud, et bientôt le venin gagna toutes les religieuses. Saint Vincent de Paul sut éviter le piège et résister au séducteur, dont la doctrine, qui n'était autre chose que le calvinisme déguisé, persuada nombre de personnages distingués de l'époque.

Les erreurs du jansénisme ne furent signalées

qu'en 1648 par la dénonciation en Sorbonne des cinq propositions tirées de Jansénius. Port-Royal se signala, dès lors, dans sa résistance aux condamnations dont cette doctrine ne tarda pas à être l'objet. Jusque-là la réputation de vertu de la réformatrice lui avait obtenu de nombreuses faveurs, soit de la cour de Rome, soit du roi Louis XIII. Lorsque le cardinal de Noailles, archevêque de Paris, proposa aux religieuses de Paris la signature du formulaire de soumission à la condamnation des propositions jansénistes, il rencontra une entière résistance. On montre dans la chapelle l'emplacement de la grille à travers laquelle le prélat exhorta inutilement les religieuses, qui se retranchèrent dans leur ignorance des questions théologiques, et se refusèrent à signer le formulaire. On crut devoir enlever les plus obstinées et les disperser en d'autres couvents.

Les religieuses de Port-Royal des Champs, au nombre de vingt-deux, furent dispersées dans plusieurs couvents de différents ordres et les bâtiments du monastère furent détruits. La rébellion de ces malheureuses religieuses fut punie par une sorte de châtiments plus rigoureux qui dure encore. Les cellules de ces vierges folles sont occupées depuis la Révolution par des femmes la plupart de mauvaise vie.

Au temps de sa vogue, Port-Royal recevait d'illustres visiteurs séduits par les habiles sectaires. On voit encore l'appartement qu'occupa la mondaine Mme de Sévigné durant ses fréquentes re traites à Port-Royal. Combien de fois Pascal en a-t-il franchi le seuil pour achever de perdre sa raison et son génie dans ses sinistres entretiens avec Saint-Cyran ! Racine, qui entendait la messe tous les jours, a prié souvent dans la chapelle (1).

Saint-Simon a dû y rencontrer Boileau. Il y avait des épicuriens dans la secte où ne manquaient non plus de fins écrivains comme Nicole, ou d'infatigables travailleurs comme les Arnaud et les autres solitaires.

Ils avaient leurs illuminés et leurs miracles de famille. On conservait dans la chapelle une épine de la couronne de Notre-Seigneur. On y remarquait deux ex-voto, pour deux miracles opérés, en faveur de Marguerite Perier, nièce de Pascal, âgée de dix ans, et de Claude Baudrand, âgée de quinze ans, toutes deux guéries subitement par la sainte relique. Leurs portraits ornaient la chapelle. Dans le chœur on admirait un tableau de Philippe de Champagne représentant la Cène, qui est actuellement au Louvre. Ce peintre avait une fille religieuse dans le monastère.

Un autre souvenir se rattache à ce sanctuaire, c'est celui de la belle duchesse de Fontange, morte à vingt-deux ans, et dont les restes reposent encore dans quelque coin ignoré de la chapelle.

Au pied de la table de communion on voit une

1. Une des dernières abbesses de Port-Royal était nièce de Racine.

dalle circulaire qui sert comme de point central au pavage de l'église. C'est là que serait déposé, dit une tradition, le cœur de la mère Angélique.

En face les murailles de Port-Royal, la rue du faubourg Saint-Jacques possède encore un établissement bien digne de nous arrêter quelques instants. C'est l'hôpital Cochin. Il fut fondé par un curé de Saint-Jacques-du-Haut-Pas, animé de cette charité qui semble le patrimoine de cette antique famille de bourgeois de Paris. Le faubourg Saint-Jacques était habité en grande partie, par des ouvriers qui travaillaient aux carrières voisines. Le quartier ne possédait pas d'infirmerie, et l'on était obligé de transporter les pauvres blessés à l'Hôtel-Dieu; souvent les secours étaient donnés trop tard. La sollicitude du bon curé remédia à cet état de choses. Il aliéna sa fortune, en tout 1500 livres de rentes, et employa l'argent à l'acquisition d'un terrain. La première pierre de l'hôpital fut posée par deux pauvres de la paroisse, élus en assemblée de charité, comme étant les plus dignes. Cet hôpital fut construit, meublé et doté de 15,000 livres de rente dans l'espace de trois ans. Après la mort de l'abbé Cochin, en 1784, il prit le nom de son bienfaiteur.

A l'extrémité de la rue du faubourg Saint-Jacques, et au lieu où elle aboutit au boulevard Saint-Jacques, on remarque une vaste place demi-circulaire. C'est là que, durant plusieurs années, conformément à un arrêté préfectoral du 20 janvier 1832, eut lieu l'exécution des condamnés à la peine capitale. Leurs corps étaient inhumés en un lieu particulier du cimetière Montparnasse ouvert en 1824. Les anciens plans portent sur l'emplacement du cimetière Montparnasse un autre cimetière existant antérieurement et portant le nom de cimetière de la charité. Servait-il déjà à ces sortes d'inhumations? Les tombes des sergents de la Rochelle qu'on y voit encore semblent le démontrer.

Terminons ce qui regarde le faubourg Saint-Jacques et le boulevard de Port-Royal, et disons qu'au n° 92 de ce boulevard habite M. Barodet, député de la Seine.

X

Montparnasse et les Chartreux.

Nous nous sommes étendus un peu trop longuement sur les souvenirs de la rue du faubourg Saint-Jacques. Il nous faudrait presque autant de pages pour rapporter, même sommairement, ceux qui se rattachent à la rue d'Enfer, l'une des plus anciennes de Paris, et sur laquelle s'ouvre la tête de notre boulevard.

L'Observatoire, s'il fallait le décrire, demanderait presqu'un volume. Contentons-nous de ses légendes.

A en croire les anciennes descriptions, les caves communiquaient aux catacombes par d'immenses escaliers qui, sans doute, existent encore. On prétend qu'un capucin chargé d'y conduire les voyageurs s'y perdit et y mourut de faim.

Rue d'Enfer, en face des fenêtres de l'abbaye de Port-Royal, s'élevait l'Institut de l'Oratoire fondé en 1650, par Nicolas Pinette, trésorier de Gaston de France, duc d'Orléans, frère unique de Louis XIII. « Il avait amassé de grands biens au service de ce prince, dit le dictionnaire historique de Paris en 1779 (1), dont il employa la plus grande partie à la construction des édifices que l'on y voit à présent et à acquérir les terres qui sont enfermées dans le vaste enclos qui est derrière cette maison, où il y a des bosquets et des jardins fort agréables, dont la vue est très-belle et très-étendue. Ce lieu sert de noviciat à l'illustre Congrégation des prêtres de l'Oratoire. »

Cet enclos s'étendait depuis la rue d'Enfer jusqu'à la rue Campagne-Première, ouverte à quelque distance de son mur de clôture. Une partie du terrain est occupée actuellement par le monastère de la Visitation, le couvent des sœurs aveugles et l'infirmerie de Marie-Thérèse, habitée quelque temps par M. de Chateaubriant, et consacrée par lui à servir d'asile aux personnes de condition tombées dans le malheur. Elle est devenue actuellement la mai-

1 Tom. 2, pag. 358.

son de retraite des prêtres âgés et infirmes du diocèse.
Les bâtiments de l'Oratoire sont encore debout et
affectés à l'hospice des enfants trouvés. La chapelle où les prisonniers de Port-Libre entendaient
chanter l'office du Dimanche existe toujours. Ex-
térieurement, elle paraît intacte et l'on y voit encore, avec une charmante sculpture représentant
l'Enfant Jésus enveloppé de langes, porté par de
petits chérubins, l'inscription qui constatait sa con-
sécration au mystère de la très sainte Trinité, et à
celui de l'enfance de Jésus-Christ sous le titre de
son oblation au temple.

Sanctissimœ Trinitati et infantiœ Jésu sacrum.

et plus bas :

Invenietis infantœm panis involutum.

On y voyait des tableaux remarquables, le tom-
beau du cardinal de Berulle, œuvre de Jacques
Sarrasin, et celui du maréchal de Biron. A l'inté-
rieur, la chapelle n'est plus reconnaissable. Un pla-
fond l'a séparée en deux, à la hauteur des voûtes, et
cet étage forme une vaste salle occupée par les nombreux berceaux des enfants trouvés, sous la garde
des filles de Saint-Vincent de Paul. On y lit cette
belle inscription, tirée des livres saints.

« Mon père et ma mère m'ont abandonné, mais
Dieu a pris soin de moi. »

Au temps de l'Oratoire, des personnes de distinction se retiraient en cette maison pour vaquer plus tranquillement au grand ouvrage de leur salut. Elle a servi de retraite aux abbés de Rancé et le Camus ; aux marquis de l'Aigle et de Trois-ville ; comte Santenas ; du Charmel, marquis d'Ursé ; Henri de Barillon, évêque de Luçon ; au chancelier de Pontchartrain et à un grand nombre d'autres solitaires de qualité. (1)

L'église et le couvent des Chartreux avaient leur entrée par la rue d'Enfer auprès de l'école des Mines. La porterie existe encore, et s'aperçoit de la rue. C'est tout ce qui reste aujourd'hui de cet immense monastère, dont l'enclos comprenait toute la partie du jardin du Luxembourg comprise entre la rue d'Assas et la rue d'Enfer, naguère appelée la Pépinière, et supprimée sous le second empire.

Saint Louis, frappé du récit qu'on lui faisait de la vie solitaire et pénitente des disciples de saint Bruno, demandait en 1257 à Dom Bernard de la Tour, prieur de la grande Chartreuse, quelques-uns de ses frères pour les établir près Paris. Le roi les plaça d'abord à Gentilly, puis, sur leur demande, leur accorda son hôtel de Valvert ou de Vauvert, qui était aban-donné.

La description de ce monastère entièrement dé-truit nous entraînerait à des détails considérables et aujourd'hui sans objet. Notons seulement les plus importants souvenirs.

1. *Hist. de Paris*, tom. 3, pag. 358.

L'église, bâtie sous saint Louis, était l'œuvre d'Eudes de Montreuil. Elle était ornée d'un grand nombre de tableaux et de diverses œuvres d'art. Une foule d'illustres personnages y furent inhumés. Au milieu du grand cloître était le cimetière des religieux dont les cendres sont dispersées. La dernière cellule qui avait été conservée comme souvenir, ou plutôt comme curiosité, au milieu des bosquets de la pépinière a disparu avec cette partie du jardin, et nulle trace qui puisse guider aujourd'hui le passant qui voudrait essayer de reconstruire par l'imagination, l'immense monastère qui subsista sur ce sol pendant six cents ans.

Les Chartreux, quoique voués à la contemplation perpétuelle, ne furent pas si inutiles à la civilisation que l'on pourrait croire. Ainsi que beaucoup d'autres religieux, ils travaillèrent, avant la découverte de l'Imprimerie, à la conservation des lettres et des sciences par la reproduction des manuscrits de l'antiquité.

On rapporte, qu'ayant appris que Guy, comte de Nevers, se proposait de leur faire présent de vases d'argent, les Chartreux lui représentèrent qu'il leur ferait plus de plaisir s'il voulait leur faire don de parchemin.

Le souvenir des Chartreux de Paris restera tant que l'on appréciera dans le monde les chefs-d'œuvres de l'art. On sait que Lesueur peignit dans le petit cloître du monastère la vie de saint Bruno. Elle comprend vingt-deux tableaux ; commencée en 1649, elle fut achevée en trois ans! Les Chartreux se dépouillèrent de cette œuvre merveilleuse, chef d'œuvre, sans contredit, de l'art chrétien en France, et comparable aux plus ascétiques peintures italiennes. Ils en firent don au Roi. Ce fut un généreux sacrifice fait à l'art et à la France.

Sans doute, les Chartreux de Paris édifièrent l'Église par de grands exemples de ferveur et de pénitence. On peut dire cependant que le voisinage de la grande ville, avec ses agitations et ses luttes ardentes, ne fut pas sans influence fâcheuse sur leur vie, insuffisamment ensevelie dans la solitude. N'auraient-ils pas dû rester plutôt dans le paisible vallon de Gentilly? Plusieurs de leurs Pères donnèrent dans les erreurs du jansénisme, et d'autres, dans les illusions de 89. Le tableau de David, le serment du jeu de paume, en fait foi. C'est un chartreux qui occupe le centre de cette fatale scène, premier acte de révolte et point de départ des crimes et des malheurs de la Révolution.

XI

Montparnasse au XVIIIᵉ siècle.

On voyait au coin de la place de l'Observatoire et de la rue Notre-Dame-des-Champs le moulin des Charteux ; sur d'anciennes vues de l'Observatoire, on aperçoit dans la campagne bon nombre de moulins. L'ouverture du boulevard Montparnasse, sa plantation d'arbres sous Louis XV, comme promenade publique aristocratique, a changé l'aspect si longtemps champêtre et agreste de notre quartier.

En l'état actuel on a peine à croire que le boulevard Montparnasse fut, en un temps, le rival des boulevards élégants de Paris. Lui, qui nous semble aujourd'hui en voie de si grands progrès, paraîtrait à nos pères, tombé dans la plus honteuse décadence. Nous ne pouvons nous figurer sa physionomie au dix-huitième siècle. Il nous faut, pour faire comprendre sa transformation, citer textuellement les auteurs du temps.

Voici la description du boulevard Montparnasse tirée de l'*Amanach du voyageur à Paris* en 1784.

« Cette promenade, quoique un peu moins fréquentée que l'autre, n'en est pas moins agréable. On y trouve aussi des cafés, de la musique et quelques jeux. On y respire un très-bon air, et l'on y jouit d'une belle vue. Il y a sur ces boulevards un cirque construit sur les dessins de M. Legrand, architecte, qui fut terminé avec célérité pour les fêtes que M. l'ambassadeur de Sardaigne a données, du 23 au 25 août 1775, à l'occasion du mariage de Mme Clotilde de France avec le prince de Piémont. Ce cirque a été ouvert plusieurs fois pour le public. »

Voulez-vous connaître la description de ce cirque, tout-à-fait monumental et dont vous n'auriez certes pas soupçonné l'existence sur notre boulevard et fort près d'ici, entre la rue de Rennes et celle de Montparnasse. — La voici tirée du *Dictionnaire historique de la ville de Paris*, publié en 1779.

« La cour est décorée d'un double rang de colonnes ioniques, formant une galerie avec des tribunes et terrasses au-dessus. Quatre pans coupés en forme de pavillon varient la décoration.

« Le bâtiment principal, entre la cour et le jardin, est composé d'une rotonde au milieu ; quatre salons octogones aux coins, avec des anti-salons ou ailes, distribués de façon que du centre de chaque pièce on jouit de la vue de toutes les autres, ce qui paraît encore multiplié par la disposition des glaces. La coupole de la rotonde, peinte en arabesque est soutenue par des colonnes corinthiennes, qui forment une grande galerie avec des portes décorées dans la direction des salons.

« Ce palais féeriqueétait situé au milieu d'un vaste jardin coupé de rochers et de perspectives. Vous figurez-vous l'emplacement de cette merveille, sur notre boulevard? M. Lefeuve, dans son ouvrage : *L'Histoire de Paris rue par rue, maison par maison*, s'est complétement mépris en lui attribuant l'emplacement de la Grande-Chaumière. Sur un petit plan, tiré du livre le *Provincial à Paris*, et datant de 1784, l'immeuble du Cercle Montparnasse et le jardin mitoyen depuis appelé la Grande-Chaumière, y sont indiqués, et celui-ci désigné comme *café*

Turc. Mais entre la rue Montparnasse et l'emplacement de la rue de Rennes, est dessiné un grand bâtiment en forme de rotonde portant en toutes lettres la désignation de *Cirque Royal*; c'est le fameux Waux-hall du midi, porté sur tous les plans de cette époque, et dont nous venons de rapporter la description.

Notre boulevard était donc destiné à rivaliser vaec les boulevards du nord pour les nobles habitants du faubourg Saint-Germain. Plusieurs venaient d'y faire construire de charmants hôtels par les habiles architectes du temps, en ce style, dit Louis XVI, si fin et si gracienx. Un corps de garde, établi au boulevard d'Enfer, empêchait la circulation des voitures indignes de passer sur cette élégante promenade.

Une des vues gravées par Martinet représente la maison du n° 87 et l'indique comme appartenant au duc de Chaulnes. Il y avait créé un cabinet de physique et s'amusait sur les buttes d'en face, à des expériences d'aérostat.

A la place de la nouvelle église de Notre—Dame des Champs existait un charmant hôtel, dit maison de chasse, bâti en 1774 pour le duc de Laval-Montmorency, par l'architecte Cellerié, avec salle de concert merveilleusement décorée et un délicieux salon sculpté, blanc et or, que les Pères maristes avaient transformé en chapelle. C'est ce même duc de Laval que nous retrouverons tout à l'heure, prisonnier à Port-Royal, c'est-à-dire à *Port-Libre*, et faisant des bouts-rimés avant de monter à l'échafaud. Non loin de l'hôtel de Laval s'élevait l'hôtel Fleury, plus tard collége Stanislas, où le Père Lacordaire commença ses célèbres conférences. Il fut construit par l'abbé Terray, dont nous retrouverons également à Port-Libre la mère et l'oncle ; c'est sur les vastes terrains dépendant de l'hôtel Fleury que furent ouvertes les rues Bréa, Vavin et Stanislas, et que s'élèvent la chapelle de Nazareth, son asile de vieillards et sa maison de patronage.

Rue Montparnasse, en face le n° 9, où mourut Sainte-Beuve, notons le ravissant hôtel du Silène, bâti par le comte d'Orliane, habité par la famille de la Coste, et où naquit la maréchale Vaillant. La princesse Belgiojoso, la célèbre amie de Garibaldi, loua en 1858 cette ravissante propriété au cercle Montparnasse, qui y resta jusqu'à son établissement définitif au boulevard Montparnasse en 1864. Aujourd'hui l'hôtel du Silène appartient au collége Stanislas, et sert de demeure au supérieur général de la société de Marie. En face est construit le non moins aristocratique hôtel des Cariatides, où se succédèrent MM. Ducoux et Bixio, directeurs des petites-voitures et célèbres républicains.

Tous ces hôtels, bâtis à la même époque, sont les plus délicieux spécimens de cet art charmant de la fin du XVIII' siècle, qui sut allier le goût français aux réminiscences de l'art grec et rester original.

5

La même *Histoire de Paris, rue par rue*, etc., prétend que le n° 85 fut habité par le fameux peintre de portraits *Hyacinthe Rigaud*, et invoque l'autorité des R croisés sur les jolis balcons en fer forgé qui le décorent et sur le même chiffre sculpté de son fronton? Nous croyons plus authentique le séjour au n° 87 du socialiste Pierre Leroux, qui fonda avec Georges Sand la *Revue indépendante*.

Le n° 126, quoique moins artistique que les hôtels que nous avons cités, eut pourtant l'honneur d'être dessiné par Damesme, dans la suite des monuments remarquables de Paris, imprimés en couleur et si difficiles à rencontrer aujourd'hui. Il fut béni en 1865 par Mgr Darboy, archevêque de Paris, pour l'inauguration du Cercle des Jeunes Ouvriers dont M. Augustin Cochin fut l'un des principaux fondateurs; c'est dans une des salles de ce Cercle que M. le comte Albert de Mun fit son premier discours et que prit naissance l'œuvre des Cercles catholiques d'Ouvriers.

Tout ce que nous avons dit jusqu'ici, en cet entretien, pourrait s'intituler : *Histoire de la grandeur du quartier Montparnasse;* mais, ce qui va suivre et qui raconte les années écoulées depuis la Révolution jusqu'à nos jours, doit s'appeler, comme vous allez l'entendre, *Histoire de notre décadence.* Hélas ! c'est celle de notre humble quartier, ne serait-ce pas aussi le reflet de celle de la France?

XII

Montparnasse et la Révolution.

Paris avait été divisé par Louis XIV en vingt quartiers en 1702, et c'est l'époque de notre annexion à la ville de Paris. Cette division fut maintenue, malgré l'extension donnée successivement à Paris, par suite des nouvelles enceintes créées par Louis XV et par Louis XVI.

Mais en 1789, lorsqu'il fallut procéder à la nomination des électeurs aux États généraux, le bureau de la ville divisa Paris en soixante districts ou assemblées primaires.

. En vertu de la loi du 27 juin 1790, Paris fut divisé en 48 sections. Notre territoire fut compris dans la 43me section, dite du Luxembourg. Elle s'étendait sur tout le territoire que nous avons adopté comme formant la circonscription morale du quartier Montparnasse, et de plus, sur le quartier Saint-Sulpice, entre la rue du Four, la rue Saint-Sulpice, la rue de Condé et tout l'enclos du Luxembourg, moins celui des Chartreux compris dans la section de l'Observatoire.

Notre section garda son nom de Section du Luxembourg jusqu'en 1793 où elle adopta, selon la mode du jour, celui de Mutius Scevola ; mais en 1794, après la Terreur, elle reprit son premier nom.

L'histoire de la section du Luxembourg pendant la révolution serait, sans doute, fort intéressante ; jour par jour, pour ainsi dire, nous pourrions suivre le flot, montant sans cesse, de la terrible tempête. Deux monuments résumeront son histoire pendant cette époque. C'est le couvent des Carmes et la prison de Port-Royal ou de Port-Libre.

La section du Luxembourg se réunissait au petit Luxembourg, dont le palais était occupé par le comte de Provence, depuis Louis XVIII.

Savez-vous qui elle avait élu pour la présider ? Le prieur du couvent des Carmes. Comment s'ouvraient les séances ? Ainsi que dans les autres sections de Paris, on avait conservé la coutume des premières réunions électives des districts, on disait le *Veni Creator*. Il serait facile de prouver par des faits irrécusables que le premier mouvement de 89 n'eut d'abord aucun caractère antireligieux. Il est certain qu'il fut primitivement honnête, désintéressé et légitime, puisqu'il eut le Roi lui-même pour promoteur. Louis XVI exprima le premier l'espoir que des États généraux sortirait la régénération de la Nation, et en effet ce mouvement eût pu être fécond pour le bonheur de la France, si la persécution des consciences, décrétée par la constitution civile du clergé, à l'instigation de la bourgeoisie et de la noblesse athées, n'avait si rapidement précipité la nation dans les orgies ineptes de la Terreur.

Nous devons confesser que la section du Luxembourg fut sans énergie, au moment des massacres de septembre. Elle n'osa pas les prévenir ni les interrompre. Cependant les religieux carmes et leur prieur, qui habitaient encore le monastère, purent être épargnés. Les malheureux prêtres furent seuls massacrés, et les religieux ont pu voir des fenêtres de leurs cellules, où nul ne vint les troubler, l'effroyable massacre des 72 prêtres et des 3 évêques qui répandirent leur sang pour la foi. Lorsqu'en 1867 la petite chapelle, située au fond du jardin des Carmes, dut disparaître par suite du percement de la rue de Rennes, le cercle Montparnasse en recueillit pieusement les pierres qui sont entrées plus tard dans la construction de sa modeste chapelle.

L'Abbaye de Port-Royal, supprimée en 1790, comme les autres communautés religieuses, reçut pendant le régime de la Terreur le nom de *Port-Libre*, et, par une contradiction singulière, fut convertie en prison. Les souvenirs de *Port-Libre* ne sont pas les moins intéressants que nous ayons recueillis. Nous les avons trouvés en grande abondance, dans les célébres *Almanachs des prisons*, publiés immédiatement après le 9 thermidor, et qui contiennent les renseignements les plus précieux donnés par les prisonniers eux-mêmes échappés à la mort. Rien de saisissant comme ces récits qui respirent tout ensemble les derniers frissons de la terreur et l'effusion de joie de la délivrance.

Cette maison contenait en tout six cents personnes et ce nombre ne diminua jamais, malgré les charretées de victimes qu'on emmenait chaque jour.

Voici les noms des principaux prisonniers de *Port-Libre* qui, la plupart, furent conduits à la mort.

La famille de Sombreuil, le père, le fils et la fille, si célèbre par son dévouement pour son père qu'elle parvint à arracher aux mains des assassins dans les journées de septembre. Le savant Lavoisier, Larrive, Fleury et Mlle Devienne, célèbres acteurs du Théâtre-Français. Toute la famille de l'illustre Malesherbes, défenseur de Louis XVI ; les Rosambeau, les Chateaubriant et les Tocqueville ; la famille de Noailles, la maréchale et ses filles les duchesses de Noailles et d'Ayen ; le duc de Laval-Montmorency, les princes de Rohan, de Saint-Maurice, de Broglie ; les duchesses de Grammont, et de Chalais-Périgord ; les princesses de Monaco et de Chimay. MM. de la Rochefoucauld, de Villeneuve-Trans, la mère de l'abbé Terray et son neveu ; les présidents de Nicolay et Le Rebours.

Voici d'abord la curieuse description de l'abbaye transformée en prison, faite par l'un des prisonniers :

« Cette maison agréablement située, en bon air, comprenait plusieurs bâtiments, et contenait, le 26 frimaire, deux cents et quelques détenus.

« ... Les hommes habitaient ce qu'on appelle le grand bâtiment, composé de deux étages, ayant chacun un grand corridor et trente-deux cellules ; les unes ayant vue sur l'Observatoire et sur la rue d'Enfer, et les autres, sur le cloître qui servait autrefois de cimetière ; au bout de chaque corridor, il y avait deux grands poëles bien chauffés.

« Il y avait en retour un autre bâtiment faisant face à la rue d'Enfer, et ayant vue sur la campagne. Il était élevé de trois étages, à chacun desquels il y avait trois grandes salles communes, où, dans les premiers jours de la translation, on coucha jusqu'à vingt et vingt-deux. Celle du rez-de-chaussée portait le nom de *l'Unité*, celle du premier, celui de *Salle du Républicain*, et celle du second, celui de *Salle des Sans-Culottes*. Le troisième était divisé en quatre chambres à feu, et à trois et quatre lits.

« Les femmes occupaient un bâtiment séparé par un guichet. Les riches étaient au corridor du premier, dans les cellules à deux lits, et les sans-culottes au deuxième. Les deux corridors ne communiquaient pas ensemble ; un factionnaire placé au pied de l'escalier empêchait de passer.

Il y avait au fond du corridor du premier, un foyer qu'on appelait le salon. Le soir, on s'y réunissait, on dressait une table au milieu ; chacun apportait sa lumière, hommes et femmes. Les hommes se mettaient autour de la grande table, les uns lisaient, les autres écrivaient. C'était un véritable cabinet de lecture. On observait le plus grand silence. Ceux qui se chauffaient avaient l'attention de parler bas.

Les femmes se rangeaient autour d'une petite table et y travaillaient aux ouvrages de leur sexe, les unes à broder, les autres à tricoter. Ensuite venait un petit souper ambigu ; chacun s'empressait de mettre le couvert, et la gaieté remplaçant le silence, faisait oublier qu'on était en prison.

« On avait écrit en lettres majuscules, autour du réfectoire, les maximes suivantes :

« *L'homme chérit la liberté lors même qu'il en est privé.* »

« *Les événements ne changent point son cœur ; la liberté, l'égalité, la raison sont toujours les divinités qu'il encense.* »

« *Mœurs, vertu, candeur, voilà les principes du vrai républicain.* »

« *Nature, patrie, raison, voilà son culte.* »

« *Dans la liberté sont renfermés les droits de l'homme ; c'est la raison, l'égalité, la justice.* »

« *La République fait le bonheur de la société ; elle range tous les hommes sous la bannière de l'intérêt commun.* »

« Effectivement rien ne ressemblait moins à une prison que cette maison. Point de grilles, point de verrous ; les portes n'étaient fermées que par un simple loquet. De la bonne société, excellente compagnie, des égards, des attentions. On aurait dit qu'on était tous une seule et même famille réunie dans un vaste château. A des jours déterminés on variait les loisirs par de la musique ou par la lecture de différents ouvrages. D'autrefois, on proposait des bouts-rimés. Les amateurs se faisaient un plaisir de les remplir. C'est ainsi que nous dévorions nos peines, nos tourments, et que nous cherchions à nous tromper nous-mêmes sur notre pénible situation.

« ... Chaque prisonnier était dans la croyance qu'en sa qualité de suspect, il resterait dans la maison jusqu'à ce qu'il plût aux autorités d'alors de l'en faire sortir ; mais on s'aperçut de cette erreur le 18 mars (vieux style), époque où l'on commença à extraire de cette maison des hommes qui furent envoyés à l'échafaud. Depuis ce temps Port-Libre devint comme les autres prisons l'antichambre de la Conciergerie et du tribunal révolutionnaire ; et nous ne comptâmes de jours heureux que celui où l'on ne venait chercher personne.

« ... Il y avait trois promenades : celle dite des palissades, celle de la cour du cloître et celle de la cour de l'acacia. Dans celles des palissades il s'y rendait peu de monde, et on n'y voyait guère que les veuves, enfants et parents de ceux qui avaient été suppliciés. C'était là qu'ils se livraient à leur douleur. Ils se réunissaient, se consolaient mutuellement de leurs pertes, et la terre fut souvent imbibée de leurs pleurs.

« Celle de l'acacia tirait son nom d'un grand et bel acacia, autour duquel on avait fait un banc de gazon. C'était le rendez-vous de la gaieté, on s'y retirait après l'appel et on y prenait le frais fort avant dans la soirée. Cependant tout se passait

avec la plus grande décence, et jamais aucune anec-
docte scandaleuse n'a exercé la critique, ni flatté
la méchanceté.

« A mesure que le nombre des pensionnaires
augmentait, on mit en réquisition pour les loger,
le pavillon de l'acacia, celui du nouveau greffe, un
autre bâtiment donnant sur la rue de la Bourbe et
sur la cour sablée, dans lequel on entrait par les
escaliers dits de J.-J. Rousseau et de Marat; l'infirmerie était placée en bon air, ayant vue sur
le boulevard qui conduit aux Invalides (Montparnasse). »

Nous avons extraits quelques notes d'une rela-
tion intitulée : *Journal des événements arrivés
à Port-Libre depuis mon arrivée dans cette
maison*, tiré du Tableau des prisons de Paris sous
le règne de Robespierre.

Ces scènes si dramatiques ont un caractère ab-
solu de vérité. Elles ne sauraient manquer d'inté-
resser ceux qui habitent dans le voisinage du lieu
où elles se sont passées, et qui a subi, depuis sa
fondation, de si étranges vicissitudes.

Du 3 floréal.

« M. de Malesherbes étant détenu ici, adressa une
lettre à un de ses amis, dans laquelle il s'applau-
dissait d'avoir été honoré de la confiance de
Louis XVI qui l'avait chargé de sa défense. Cette

lettre passa aux mains du greffe ; on la lui rendit en lui faisant observer qu'elle pouvait avoir pour lui des conséquences funestes, si on parvenait à en savoir le contenu. M. de Malesherbes la garda un moment dans ses mains et dit au greffier : « Vous avez raison, cette lettre pourrait bien me « faire guillotiner »..... Il rêva et resta quelques minutes dans l'indécision et dit ensuite :

« Qu'importe? elle partira, telle est mon opinion. « Je serais un lâche de la trahir. Je n'ai fait que « mon devoir. »

« La lettre partit : elle a servi depuis dans l'espèce de procédure où il a été assassiné.

Du 8 floréal.

« On a transféré aujourd'hui à la Conciergerie M. de Nicolay, qui était autrefois président du grand Conseil. Il a montré une grande fermeté en nous quittant.

« Il était midi, quand un gardien est venu le chercher. Il lui a demandé pourquoi on l'appelait : « C'est un gendarme qui est en bas, répondit le « gardien. — Oh ! bien, c'est bon, dit M. de Nicolay, « je sais ce que c'est, qu'il attende. »

« Il acheva de dîner, prit un verre de liqueur, et se rendit au greffe en disant à ceux qui étaient sur son passage : « Ce n'est rien, cela ne sera pas « long, ce n'est qu'une levée de scellés. »

« Le gardien lui demanda s'il n'emportait rien.
« Non, ce n'est pas la peine. » Il avait depuis huit
jours une douleur à l'épaule : on l'engageait à
consulter le médecin. « Non, répondit-il, cela n'est
« pas nécessaire, le mal est trop près de la tête,
« l'une emportera l'autre. »

Du 12 prairial.

« On vient de nous enlever l'ex-marquis de
Lavalette, ancien officier aux gardes, pour aller
au tribunal révolutionnaire. Les cris de sa
malheureuse femme nous ont appris ce funeste
événement. Elle s'était pendue au cou de son mari ;
elle s'était enlacée à lui ; et dans cette position,
elle priait le guichetier de l'emmener avec son
mari. Cette scène déchirante avait attendri tout le
monde, excepté l'inexorable guichetier qui, impa-
tienté du retard, s'écria avec une voix rauque :
« Allons, est-ce bientôt fini ? »

« Ce misérable guichetier avait déjà porté le
désespoir dans l'âme de cette épouse infortunée.
Les fenêtres de Mme de Lavalette donnaient
précisément sur le jardin où son mari jouait au
ballon. « Appelle ton mari, lui cria le guichetier.

« — Pourquoi donc ?

« — Appelle-le toujours ?

« — Mais, mon ami, dis-moi donc pourquoi ?

« — Pour aller au Tribunal. »

« Mme de Lavalette tomba roide sur le plancher.

Du 16 pluviôse.

« On est venu interroger huit religieuses qui sont au secret. On a voulu leur faire prêter le serment de liberté et d'égalité. Elles ont refusé, en disant qu'elles ne vivaient pas sous le règne de la liberté, puisqu'elles étaient prisonnières. Quant à l'égalité, elles ne voyaient pas que ce fut plus son règne, puisque celui qui les interpellait mettait tant de hauteur et d'arrogance dans ses interrogatoires. On les a menacées du tribunal révolutionnaire, elles ont répondu qu'elles iraient avec plaisir. « Mais « renoncez-vous à votre pension, leur a-t-on dit ?

« — Non, parce qu'elle représente les biens qu'on « nous a pris. .

« — Mais la loi défend de payer ceux ou celles « qui refusent de lui obéir, et comment vivez-vous ?

« — La Providence a soin de nous !

« — Mais la Providence ne vous donne pas de « pain.

« — Nous ne demandons rien à personne.

« — Comme la République ne souffre pas d'ennemis « dans son sein, on vous déportera. Où voulez-vous « aller ?

« — En France, qui est notre patrie. »

« Ces huit religieuses ont été depuis guillotinées comme fanatiques.

Du 29 ventôse.

« La femme Momoro est toujours triste ; elle tremble beaucoup sur le sort de son mari. Nous ignorions que cette femme avait figuré la déesse de la Raison, dans une mascarade de l'invention de Chaumette. Cette circonstance lui attire des railleries qu'elle feint de digérer assez facilement. Cette déesse est très terrestre ; des traits passables, des dents affreuses, une voix de poissarde, une tournure gauche. Voilà ce qui constitue madame Momoro.

Du 29.

« Il est arrivé aujourd'hui trois professeurs (mâles et femelles) de morale publique aux jardins des Tuileries et autres endroits publics. Ces instituteurs populaires, qui tenaient des cours de lois agraires sur des chaises, ont été arrêtés pour avoir voulu donner une trop grande extension aux droits de l'homme.

Du 10 germinal.

« Nous avons entendu des chants d'Église, tels que le *Gloria in excelcis*, le *Credo*, *l'Offertoire*, enfin, la messe complète ; le soir les vêpres, complies et salut, rien n'y a manqué ; cet office s'est célébré dans l'Église de l'institution de Jésus (Oratoire).

« Il paraît que la liberté des cultes est en plein exercice ; je doute qu'on la permette longtemps.

Du 20.

« Nous avons célébré la fête de l'Être Suprême. J'avais fait un hymne qui fut chanté, et dont les dames entonnèrent les strophes. Tout cela allait tant bien que mal ; on dansa ensuite la carmagnole en grande ronde et à grands chœurs ; puis vint une prière à l'Être Suprême, de la composition de Vigée, chantée par Mlle de Bethisy qui y mit beaucoup d'onction.

« L'air *Si vous aimez la danse* eut son tour, puis *la Marseillaise*. Larive déclama par intermède des vers de Guillaume Tell et le pauvre hymne de Chénier, répudié par Robespierre. Vigée fit la clôture de la fête, par la lecture d'un hymne pour la Fête du Malheur, et d'une ode à la liberté, de sa composition. L'administrateur Benoit assistait à la cérémonie tout ébahi, car le bonhomme n'avait jamais entendu tant d'hymnes.

Du 1ᵉʳ floréal.

« La marquise de Rosambeau, depuis l'assassinat de son mari, était tombée dans le délire. Au moment où on est venu la chercher, elle a rassemblé toutes

ses forces et repri ses esprits; elle est allée chez
Mlle de Sombreuil, et lui a dit ces paroles remarquables :

« — Mademoiselle, vous avez eu le bonheur de
« sauver monsieur votre père, et moi je vais avoir
« celui de mourir avec le mien et de suivre mon
« mari. »

«Après ces paroles, elle est retombée dans son
premier état, et s'est précipitée hors de la chambre,
ne sachant plus où elle allait.

« La princesse de Monaco, au moment d'aller à
l'échafaud, demanda du rouge. « Si la nature l'em-
« porte, dit-elle, et que j'aie un instant de faiblesse,
« employons l'art pour le dissimuler. »

« En achevant ces mots, elle brisa avec vivacité
un carreau de vitre, hacha par morceaux ses beaux
cheveux blonds qui faisaient sa parure, les adressa
à ses enfants, et marcha à la mort avec ce calme,
cette dignité touchante, ce courage mêlé de grâce
qui rendirent ses derniers moments la fidèle image
de toute sa vie.

10 thermidor (28 juillet).

« A la pointe du jour, nous voyons dans la rue
Jacques un groupe d'hommes traîner dans la fange
du ruisseau et fouler aux pieds des images de Robespierre... »

Ici se termine le journal du prisonnier de Port-Libre.

La légende de Port-Royal n'est pas finie avec la chute de Robespierre. Ces vieux murs ont tremblé plus d'une fois sous les orages de nos révolutions. Ils furent entamés par un décret de Napoléon, daté du camp de Tilsitt, 20 juin 1807, qui ordonnait l'ouverture de l'avenue de l'Observatoire. C'était l'apogée du premier Empire. Ils virent défiler en 1815, nos armées vaincues après la capitulation de Paris. Ils tressaillirent à la détonation du peloton d'exécution qui coucha sous ses fenêtres le cadavre du maréchal Ney, apporté encore chaud et tout sanglant sous les voûtes du vieux monastère.

XIII

Montparnasse et le XIXe siècle.

Sous le Directoire, la loi du 19 vendémiaire 1795 divisa Paris en douze municipalités, chacune comprenant quatre des anciennes sections. Il ne s'agissait plus, bien entendu, d'assemblées populaires, mais de simples circonscriptions administratives.

Un arrêté du 10 mai 1811 désigna quarante-huit quartiers sous de nouveaux noms, pour remplacer les quarante-huit sections.

Les douze municipalités furent maintenues jusqu'à l'annexion des communes de la banlieue, comprises dans l'enceinte des fortifications, et la division en vingt arrondissements qui a constitué le nouveau Paris.

Montparnasse, jusqu'à cette époque, avait dépendu, partie du onzième arrondissement, partie du douzième. Son histoire comme arrondissement est bien calme. Les anciens locaux monastiques et ses vieux hôtels furent délaissés sous l'Empire et la Restauration.

La tentative de sa transformation en rendez-vous de plaisirs élégants et mondains, avorta par suite de la Révolution. Les petits hôtels ou petites maisons du boulevard et de la rue Montparnasse, décrétés biens nationaux, par suite de l'émigration ou de la mort de leurs propriétaires, tombèrent en toutes mains.

La rue de Chevreuse doit son nom, dit-on, à un hôtel aujourd'hui détruit et dont il ne reste, selon M. Lefeuve, que les cuisines. La rue Campagne-Première fut créée par le général Taponier qui lui donna ce nom en mémoire de sa première campagne, sous la république, à Wissembourg. Sur un plan de 1839, la rue Carnot porte le nom de Laurette ; la rue Vavin, dans sa partie ancienne près du Luxembourg, celui de passage du Luxembourg, ouvert sur un terrain provenant du clos des Chartreux, vendu le 21 messidor an VI. La rue de la Grande-Chaumière(1) porte le nom de Charmont son premier pro-

1. Où a demeuré Bergeret, le célèbre *général* de la Commune.

priétaire et fondateur. Et pour en finir avec ces changements de noms des rues voisines, notons que sur un plan daté de 1789, la rue de la Gaieté s'appelle la rue Neuve-Montparnasse ; la Chaussée du Maine, chemin du petit Montrouge. Sur la plaine de Plaisance, en 1839, plusieurs moulins le long de la chaussée du Maine portent les noms de moulin Janséniste, moulin d'Amour et moulin Coq, lesquels, comme vous savez, depuis lors, ont été remplacés par une ville.

La Restauration ne ramena pas la noblesse dans ces parages hantés par celle-ci, en des jours de folie et d'aveuglement cruellement expiés. Les grands couvents coupés par des rues nouvelles, abattus ou transformés en collèges, n'abritèrent pas les ordres religieux renaissants, trop peu peuplés pour rendre la vie à ces majestueux bâtiments, conçus pour la grande existence monastique des siècles passés. Mais le calme et la paix de ces quartiers déserts et solitaires, attirèrent les œuvres de charité, les collèges ecclésiastiques et les hommes d'études. M. de Lamennais et ses disciples vinrent s'établir rue de Vaugirard. Victor Hugo, royaliste et catholique, habitait, avant son mariage, rue Notre-Dame des Champs.

Il est vrai que les joyeux viveurs de la Restauration, et à leur tête, le caricaturiste Charlet, mirent bien vite en renom les guinguettes de la barrière du Maine. La Grande-Chaumière rendit célèbre notre boulevard, redevenu agreste et désert. L'établissement d'une gare de chemin de fer pour Versailles, d'abord, à la chaussée du Maine, puis, pour la Bretagne, un peu plus tard, avec sa gare monumentale sur le boulevard Montparnasse, fit sortir notre quartier de son marasme. Le percement de la rue de Rennes à travers les grands jardins, prolongée jusqu'à l'église Saint-Germain-des-Prés, fut pendant longtemps la seule tentative de reconstruction parisienne essayée sur la rive gauche, tandis que la moitié de la rive droite avait vu disparaître de splendides quartiers remplacés par des quartiers encore plus magnifiques.

Puis vint en dernier lieu la trouée faite par le boulevard de Port-Royal, qu'il fallut jeter comme un pont sur le quartier Saint-Marcel. N'oublions pas le boulevard Saint-Michel, noyant sous ses constructions, ou rasant sur son passage les débris des plus antiques monastères de Paris, les jardins des Jacobins, où reposaient, depuis saint Dominique, les restes de ses premiers compagnons, la plupart béatifiés, dont les os avaient été oubliés par les profanateurs de 1793. La vieille rue de la Harpe, ensevelie comme une rue de Pompéï, sous la lave du Paris moderne, balayant les premiers sanctuaires érigés par saint Denis : Saint-Étienne-des-Grès et Saint-Benoît; les séminaires de Saint-Firmin et de Saint-Magloire, rougis du sang des prêtres martyrs, en 1792; les vieux collèges, autant illustrés par des élèves comme François Xavier, Ignace de Loyola et François de Sales, que par leurs maîtres, Albert le Grand et saint Thomas d'Aquin.

Notre quartier resta comme oublié au milieu de ces prodiges. La gloire de la Grande-Chaumière s'éclipsa et disparut pour toujours devant la jeune renommée de la Closerie des Lilas. La barrière perdit beaucoup de son prestige par l'augmentation du prix des boissons, que nécessita le recul des droits d'octroi jusqu'aux murs de l'enceinte.

Hors cette réputation de bal, de brasserie et de taverne, Montparnasse, pendant la durée du second empire, jouit de peu de gloire. Cependant il ne faut pas oublier la création d'une ville entière, surgie en moins de vingt années dans le désert qui séparait Montrouge de Vaugirard, ville bâtie, dit-on, par le génie d'un rôtisseur de la rue Dauphine, et qui se pare comme d'une ironie du nom séduisant et trompeur de Plaisance.

L'histoire du Montparnasse moderne est, on le voit, moins glorieuse que celle de son sol, alors que notre cher quartier n'existait pas encore.

Si, depuis le XIXᵉ siècle, les joies bachiques l'ont rendu célèbre, l'histoire nationale, en place des héros et des gloires patriotiques du passé, ne nous présentera plus que de sombres drames et de honteux tableaux. Ce ne sont plus les ennemis vaincus et repoussés que nous verrons fuir de notre cité. Hélas, ce sont les armées de la France ! Nous sommes au 30 mars 1814. La capitulation de Paris porte en l'un de ses articles néfastes, que les troupes de ligne auront évacué la ville avant le 31 mars au matin.

Cette armée qui défile par la barrière d'Enfer à la nuit tombante, c'est l'armée française en fuite devant l'étranger victorieux, et, pour la première fois, maître de la capitale. Au pied du mur de la Closerie des Lilas, voyez ce cadavre percé de balles (1). C'est celui d'un maréchal de France, surnommé le brave des braves, épargné par la mort sur tous les champs de bataille de l'Europe.

Entendez-vous aussi ce bombardement féroce, commencé le 6 janvier 1870, foudroyant de préférence les hôpitaux et les asiles d'orphelins, répandant jour et nuit la terreur et la mort sur toute l'étendue de ce quartier.

Et ces discordes civiles, épargnées jusqu'alors à ce sol d'ordinaire si pacifique, refuge des savants, des artistes et des œuvres de prière! Un ouragan de mitraille balayant tout un jour et toute une nuit le boulevard Montparnasse, de l'Observatoire à la rue de Rennes! Et les maisons en flammes du carrefour de la rue Vavin! Et le sang coulant à flots sous les coups échangés entre eux par les enfants de la France, de la France noyée dans la honte et les pleurs!

Voilà ce que nous avons vu en quelques années et ce qu'ignorèrent nos aïeux pendant des siècles,

1. Après l'exécution, le corps du maréchal Ney fut transporté dans une des salles de l'abbaye de Port-Royal, transformée en hospice de la Maternité. Horace Vernet a reproduit, en un tableau célèbre, la scène du cadavre percé de balles et de la sœur de charité, priant auprès de lui.

l'étranger souillant trois fois en cinquante ans, de sa présence, le sol de la capitale, jadis vierge d'un tel outrage.

Détournons nos yeux de ces souvenirs poignants. Constatons dans le présent les faits dignes de relever nos courages et de nous inspirer l'énergie et la fierté, ainsi que l'espérance.

Nous avons beaucoup parlé du passé.

Nous n'avons, pour ainsi dire, rien dit du présent.

Nous avons à peine rappelé en passant que ce quartier Montparnasse fut érigé en paroisse par Mgr Sibour, qui, en 1858, le détacha de l'immense paroisse de Saint-Sulpice, dont l'église est si lointaine de nos parages. Nous n'avons pas encore dit que le vieux titre de Notre-Dame-des-Champs, si vénérable par les origines de la foi dans le diocèse, avait été relevé par M. l'abbé Duchesne, le premier curé de cette paroisse, décédé pendant la dernière guerre. Nous n'osons parler de son digne successeur, dont l'âme apostolique et le cœur charitable sont si appréciés de ses paroissiens.

Nous aurions encore beaucoup à dire sur le temple nouveau, qui vient de succéder à la célèbre église de bois. Avec l'excellent pasteur qui gouverne la paroisse et l'édifiant clergé qui le seconde, sans doute, bientôt, le changement effectué dans l'édifice matériel aura lieu dans le spirituel. Aux pauvres planches vermoulues de la cabane de la rue de Rennes, ont succédé les élégantes et solides assises de la pierre vive, comme on disait au moyen âge. En même temps le troupeau fidèle s'est agrandi et la piété devient chaque jour plus fervente.

Nous n'avons pas dit un mot des innombrables établissements religieux entrepris sur ce sol, depuis la Révolution, par le dévouement catholique. Il est de mode en ce moment de les outrager. Et le temps n'est pas éloigné peut-être où l'on résoudra de les proscrire.

Jamais on n'a tant parlé de la nécessité de l'instruction; aucun d'eux, qui ne contienne une école ou qui ne donne quelque enseignement.

On déplore, jusqu'à l'exagération que met en toute chose l'esprit de parti, les misères qui frappent la classe ouvrière. Misère de l'ouvrier quand il tombe malade et ne peut plus soutenir les siens; misère de la veuve; misère de l'orphelin; misère du vieillard; misère de l'apprenti victime de la cupidité des maîtres; misère de la jeune fille sans protection et sans famille; misère de la pauvre femme déchue, tombée dans le vice, et que quelque consolation et assistance suffiraient à relever.

Toutes ces misères, toutes ces douleurs, sans en excepter une seule, ont un refuge et un remède en ces maisons religieuses qui excitent de si fausses et de si injustes colères.

Honneur au quartier Montparnasse, pour les grands souvenirs de son passé, mais honneur surtout aux grandes institutions sociales qui couvrent son sol, l'Asile des petites sœurs des pauvres et la Maison de Nazareth, la Maison du Bon pasteur pour les pauvres repenties ; celle des Enfants délaissés dont le nom dit si bien la charité ; les sœurs gardes-malades de Bon-Secours, les grandes Écoles des frères de la rue d'Assas, le patronage des apprentis de Nazareth ; et enfin notre Cercle catholique d'ouvriers, ce sanctuaire de la famille ouvrière redevenue chrétienne, où se rencontrèrent pour la première fois les propagateurs de la grande œuvre qui couvre aujourd'hui la France, et que Pie IX a si bien nommée l'armée de Dieu.

Oui, ce sol est fécond en grandes œuvres et en héros de la foi et du patriotisme, depuis Camulogène et saint Denis, depuis l'évêque Gozlin et saint Vincent de Paul, depuis les soldats de Jeanne d'Arc et ceux de la sainte Ligue, jusqu'à ces innombrables institutions créées par la charité catholique pour le soulagement du peuple ouvrier !

Foi et patrie ! cette double croyance et ce double amour ont rempli les grandes âmes de ceux qui depuis tant de siècles nous ont précédés sur ce sol béni ! Restons dignes de nos aïeux. Gardons leurs nobles traditions qui ont fait la France grande et prospère. Gardons, comme nos pères, la foi qui a gardé la France.

PERSONNAGES CÉLÈBRES

FIGURANT

DANS L'HISTOIRE DU QUARTIER MONTPARNASSE

ET DE LA

PAROISSE DE NOTRE-DAME-DES-CHAMPS

Aumont (Maréchal d').
Anne d'Autriche.
Angélique Arnaud.
Ayen (Duchesse d').
Acarie (Mme) (Bienheureuse Marie de l'Incarnation)
Barodet (M.).
Bellegarde (Duc de).
Berulle (Cardinal de).
Bergeret (le *Général*)
Bossuet.
Boileau (Etienne).
Boileau-Despréaux.
Brissac (Duc de).
Belgiojoso (Princesse de)
Bixio.
Broglie (Prince de).
Camulogène.
Cochin (Augustin).
Champagne (Philippe de).
Charlet.

Cleves (Marie de Gonzague de Reine de Pologne).
Chalais-Perigord (Duch^{se} de).
Chimay (Princesse de).
Cochin (Abbé) curé de Saint-Jacques du Haut-Pas).
Chateaubriant.
Chaulnes (Duc de).
Clotilde de France (Mme).
Charles VII.
Denis (Saint).
Dunois.
Ducoux.
Darboy (Mgr).
Fontanges (Mlle de).
Guénégaud (M. de).
Gozlin.
Grammont (Duchesse de).
Guéméné (Princesse de).
Henri IV.
Hugo (Victor).

— 92 —

JEANNE D'ARC.
JULES CESAR.
JULIEN L'APOSTAT (l'Empereur).
LABIENUS.
LOUIS (Saint).
LONGUEVILLE. (Duchesse de).
LA VALLIÈRE (Mlle de).
LOUIS XIV.
LAMENNAIS (l'Abbé de).
LE REBOURS (le Président).
LE PAUTRE, architecte.
LAVAL-MONTMORENCY (Duc de).
LESUEUR (Eustache).
LOUIS XV.
LACORDAIRE (le Père).
LEROUX (Pierre).
L'ILE-ADAM (Maréchal de).
MEDICIS (Marie de).
MUN (Comte Albert de).
MAYENNE (Duc de).
MANSART, (François).
MONTREUIL (Eudes de).
MAINTENON (Mme de).
MONACO (Princesse de).
MALESHERBES.
NICOLE.
NEY (Maréchal).
NAPOLÉON 1er.

NICOLAY (Président de).
NOAILLES (Cardinal de).
NOAILLES (la Maréchale de).
NOAILLES (la Duchesse de).
PASCAL (Blaise).
PHILIPPE-AUGUSTE, roi de France.
PONTCHARTRAIN (le Chancelier de).
ROHAN (Prince de).
ROSAMBEAU (Mme de)
RACINE.
RANCÉ (l'Abbé de)
SEVIGNÉ (Mme de).
SABLÉ (Mme de),
SAINTE-BEUVE.
SAINT-SIMON (Duc de).
SAINT-MAURICE (Prince de).
SAINT-CYRAN (Abbé de).
SOMBREUIL (Mlle de).
SAND (Georges).
SERGENTS DE LA ROCHELLE (les)
THÉRÈSE (Sainte).
TURENNE.
TAPONIER (le Général).
TERRAY (l'Abbé).
VAILLANT (la Maréchale).
VINCENT DE PAUL (Saint).

TABLE DES MATIÈRES

Paris. - Imp. St-Générosus. - J. Mersch, 33, b. d'Enfer.

www.ingramcontent.com/pod-product-compliance
Lightning Source LLC
LaVergne TN
LVHW050629090426
835512LV00007B/739